REIHE: SOKRATISCHE WEISHEIT
Band 3

Heinrich Schipperges

PARACELSUS

Heinrich Schipperges

PARACELSUS

Das Abenteuer
einer sokratischen Existenz

AURUM VERLAG · FREIBURG IM BREISGAU

Die Reihe »Sokratische Weisheit« wird herausgegeben von der Sokratischen Gesellschaft e.V. in Verbindung mit der Humboldt-Gesellschaft für Wissenschaft, Kunst und Bildung e.V.

Mit 17 Abbildungen.

CIP-Kurztitelaufnahme der Deutschen Bibliothek

Schipperges, Heinrich:
Paracelsus : d. Abenteuer e. sokrat. Existenz /
Heinrich Schipperges. –
Freiburg im Breisgau : Aurum-Verlag, 1983.
(Reihe: sokratische Weisheit ; Bd 3)
ISBN 3-591-08163-9
NE: GT

1983
ISBN 3 591 08163 9

Gesamtherstellung:
Landsberger Verlagsanstalt Martin Neumeyer,
Landsberg am Lech.
Printed in Germany.

Inhalt

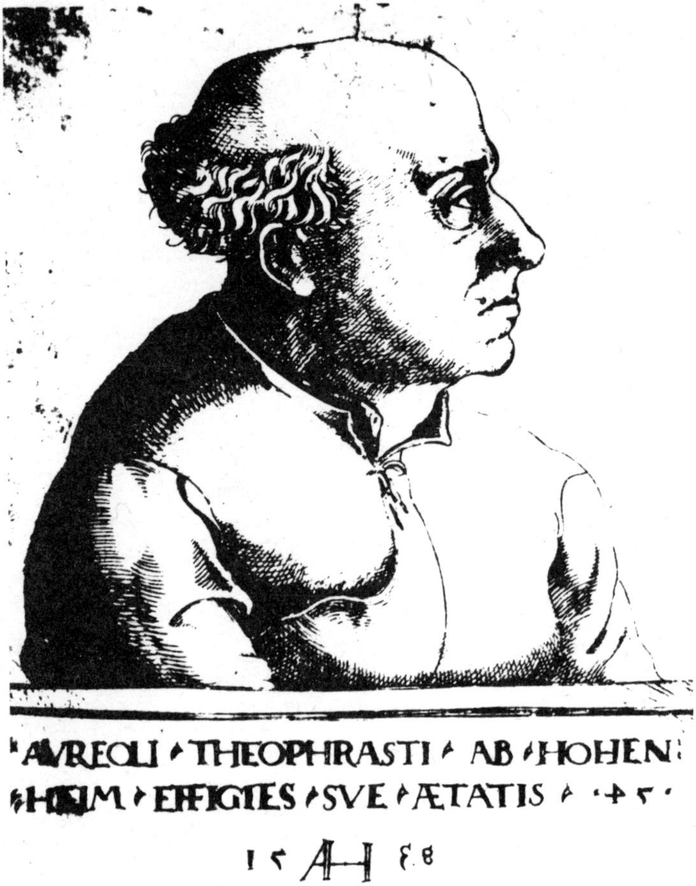

Paracelsus.
Stich von Augustin Hirschvogel (1538).

Vorwort

Im Januar 1980 hatte ich die Ehre, vor der Sokratischen Gesellschaft in Mannheim über den bedeutenden, noch längst nicht gewürdigten Arzt und Philosophen Theophrastus von Hohenheim, genannt Paracelsus, zu sprechen. Ich wählte das Thema »Das Abenteuer einer sokratischen Existenz«, und ich wurde nach meinem Vortrag der Ehrenmitgliedschaft der Sokratischen Gesellschaft gewürdigt. Ihr zu danken, und auf freundliches Drängen des Verlages, darf ich nunmehr den Mannheimer Vortrag in erweiterter Form einer kritischen Öffentlichkeit vorlegen.

Heidelberg, im Dezember 1980 Heinrich Schipperges

Einführung

Von der Parteien Haß und Gunst zerrissen, begegnet uns im Übergang vom Mittelalter zur Neuzeit eine abenteuerliche Gestalt: Theophrastus Bombastus von Hohenheim, der sich später nach der Manier der Humanisten Paracelsus nannte. Schon zu seinen Lebzeiten schlagen sich faszinierte Anhänger und gehässige Gegner in feindliche Lager: ein neuer »Luther der Medizin« bedeutet er den einen, den anderen wiederum ein Verderber von Wissenschaft und Religion, wie der Heidelberger Humanist Thomas Erastus etwa ihn nannte, einen Genossen des Satans, »socius diaboli«, ein grunzendes Schwein, und seine Schüler schlechtweg »indocti asini«, ein ungebildetes Eselspack.

Eine wahrhaft umstrittene Gestalt – und nicht weniger streitbar! Auch Paracelsus hat gewettert gegen die Geldpfaffen und Kälberärzte, hat sie Requiemsdoktoren geheißen und lausige Sophisten, nichts als Polsterprofessoren, die in den Büchern der Alten rumpelten wie die Sau im Trog. Aber Paracelsus beginnt bei seinen Streitgesprächen auch immer wieder mit diesen »echt sokratisch aussaugenden Fragen«, die Kierkegaard in seinem *Begriff der Ironie* so sehr an Sokrates bewundert hat. Auch er ein Verführer der Jugend, aber auch der Führer in eine neue Zeit: selbstbewußt und mit jenem so ungemein selbstsicheren Sendungsbewußtsein, wie es sich kundtut im Wappenspruch des Paracelsus, diesem geradezu sokratischen Wahlspruch, der lautet: »Alterius non sit, qui suus esse potest.«

Wer sein eigen sein kann, soll niemand anderem folgen – ein Wahlspruch, den wir bereits finden im Wappen des Reinald von Dassel, um die Mitte des 12. Jahrhunderts Erzbischof von Köln und Kanzler Kaiser Friedrichs I. »Ein jeder bleibe wie ein Fels in seinem Wesen«, wie es Paracelsus übersetzt hat, und noch eindringlicher in seinen Theologischen Schriften: Wer sein eigen ist, »soll keines andern Diener sein, sondern sein eigener Herr mit Herz und Verstand; dann kann er frei und gebefreudig schalten und walten« und nur so allein auch »ein freies Herze behalten« *(De felici liberalitate).*

»Alterius non sit, qui suus esse potest« – ein stolzer, ein so liberaler Standpunkt, den wir übrigens auch schon bei einer Frau des 12. Jahrhunderts finden, bei der Äbtissin und Ärztin Hildegard von Bingen, der »Jungfer Hiltgart«, wie Paracelsus sie nennt und bewundert und wo es heißt: »So sollte der Mensch sein Werk durch kein fremdes Geschöpf auf der Welt bestimmen; er sollte es vielmehr aus seiner eigenen Natur heraus zur Durchführung bringen, so wie auch Gott aus keinem anderen Stoffe nimmt, als den Er aus sich selber schöpft.« *(Liber Vitae Meritorum VI, 59)*

Ein Kind der Zeit ist Paracelsus gewesen, im »Lauf, den die Zeit gibt«, in aller »Zeitigung« und »Zeitigmachung«, aber auch ein faustischer Geist, über all seine Zeit hinaus, in jener »wachsenden Zeit«, die alle Dinge der Welt treibt und drängt in die »ultima materia«, die sie reifen läßt bis zur »Vollendung«, bis in ihr »güldenes Wesen«!

Ein Kind der Zeit ist Paracelsus und ihr doch so ganz entwachsen, so überlegen, so ins Revolutionäre gehalten und auf das Neue gerichtet: deswegen wohl auch so widerspruchsvoll und schwankend, so spannend auch und aufregend! Ein Mensch der neuen Zeit aus einer alten Welt, voller Rebellion gegen die Autoritäten, im Übergang, in der vollen Zerreißprobe aller Spannungen! Abenteuerlich wird uns auch sein Werk werden, wenn wir uns endlich einmal entschließen, es als ein Ganzes zu nehmen, um ein Ganzes daraus zu machen, nämlich einen leidenschaftlichen Zustand. Dieses Opus des Paracelsus wird uns zu einem einzigen, einzigartigen Abenteuer, wenn wir es auch nur einmal aufgefaßt haben als das Abenteuer einer durch und durch sokratischen Existenz! Ich will es einfach einmal versuchen!

I

Frühe Lehr- und Wanderjahre

Geboren wurde Theophrastus gegen Ende des Jahres 1493 als Sohn des Wilhelm Bombast von Hohenheim in der Nähe der Teufelsbrücke bei Einsiedeln im Kanton Schwyz. 1493! Welch ein schicksalsschweres Jahr! Kolumbus hatte gerade den westlichen Seeweg nach Indien entdeckt, und Granada, die letzte Feste der maurischen Kultur in Europa, war soeben gefallen. Martin Behaim bastelte damals in Nürnberg an seinem ersten Globus. Martin Luther war knapp zehn Jahre alt und Kopernikus ein junger Mann von kaum zwanzig. Ulrich von Hutten, der seiner Zeit hat zeigen wollen, um welche Braut der Tanz geht, war noch ein Knäblein von fünf Jahren. Im Titel eines Flugblatts wird bald zum erstenmal das Wort »Zeitung« erscheinen. Und die Fugger begründen um diese Zeit zu Augsburg eine offene Handelsgesellschaft und legen mit ihrem »Welthandelshaus« den Grund zu jenem ökonomischen Zeitalter, das unter den ökologischen Krisen unserer Tage soeben zu Ende geht.

Theophrast von Hohenheim verliert früh seine Mutter; mit dem Achtjährigen zieht der Vater, Wilhelm von Hohenheim, im Jahre 1502 nach Villach in Kärnten, um dort eine neue ärztliche Praxis aufzubauen. Das sind die ersten Lebensjahre! Es macht ja so viel aus, wie ein Mensch seine erste Lebenszeit verbracht hat. Das erfährt der Arzt in jeder Sprechstunde. Darauf gründet sich seine vornehmste Kunst, die Anamnestik! Paracelsus hat rückblickend immer wieder auf seine früheste Jugend hingewiesen, auf das einfache Leben, ein Leben in Armut, oft auch in Not. Er hat seine Mutter gepriesen, als seinen Stern und seinen Planeten. Immer wieder auch den Vater, Wilhelmus von Hohenheim, der ihm alles Elementare beigebracht! Hier liegt der Grund jeder Existenz: »Das Meiste nämlich vermag die Geburt, und der Lichtstrahl, der dem Neugebornen begegnet« (Hölderlin). Das ist im Grunde schon die ganze Existenz: die genetische Matrix und das soziale Fluidum; was als Rest bleibt, ist Pädagogik!

Zu Beginn des 16. Jahrhunderts finden wir den jungen Theophrastus in Villach. Die werksärztliche Tätigkeit des Vaters und die Eindrücke in den Villacher Bergwerken haben das Interesse und die Phantasie des Knaben entscheidend geprägt. Die schichtartige Lagerung der Mineralien wird ihm zu einem Bild für die vielfältig geschichtete Ordnung der Natur (III, 147)*. In dieser kosmischen Ordnung hat auch der Mensch sein »verordnet Wesen« (VIII, 110). Sein Glück liegt in nichts anderem, »denn Ordnung zu halten mit Wissenheit der Natur« (I, 181). Aus solchen Kenntnissen, Techniken und Erfahrungen mußte Paracelsus nach und nach zu einer eigenen Synthese der chemischen Wirkkräfte kommen, wie sie seinem Vater und seinen Lehrern noch nicht bekannt waren.

Unter seinen Lehrern erwähnt Theophrastus den Bischof Scheit von Settgach, einen Bischof Erhard von Sankt Andrä im Lavanttal, den Bischof Matthäus Schach von Preisingen sowie einen umstrittenen Abt von Spannheim, hinter dem man den Johannes Trithemius vermutet. Um 1509 beginnt der junge Hohenheim, in der Absicht, Arzt zu werden, das Studium der Artes liberales, sehr wahrscheinlich in Wien. Dort wird er im Jahre 1511 Baccalaureus. 1513 finden wir ihn an der Universität Ferrara, wo damals Niccolò Leoniceno (1428-1524) und Giovanni Manardo (1462-1536) lehrten. 1516 kommt er zum Abschluß seines Medizinstudiums in Ferrara, vermutlich mit der Promotion.

---

* Zitiert wird mit römischer Bandzahl und arabischer Seitenzahl nach der Ausgabe: Theophrast von Hohenheim, gen. Paracelsus: Medizinische, naturwissenschaftliche und philosophische Schriften. Hrsg. Karl Sudhoff, Bde. 1–14, (Abfolge und Inhalt siehe Anhang), München 1923 bis 1933.

Ein so langes Studium erscheint Paracelsus unerläßlich. Der Arzt muß ein ständiger »Parabolanus« sein, einer, der stetig die Welt zu erkunden weiß. Die alten Ärzte aber, sie hocken da an einem Ort wie ein Bleiklotz, daß es Gott erbarme. Und die Jungen, sie wollen mit 24 Jahren schon Doktor sein, um als ein »unzeitiges Kalb« die Hohe Schule zu verlassen. »Wie kann aber einer in so wenig Jahren, in dreien, höchstens in fünfen, studieren, daß er ein Doktor mög' werden? Kann er wohl philosophieren oder Astronomia wie Alchimia erfahren, und darnach Physica? Es mag nit möglich sein«! (X, 279) Eine Weile noch sieht sich Theophrast um in Venedig, Bologna, Florenz, in Siena und in Rom. Aber das scholastische Curriculum behagt ihm immer weniger. »Da verließ ich der alten Skribenten Bücher und Schriften mitsamt ihrem Geschwätz, das da pflegen die von den hohen Schulen.« (I, 379)

Der Lehrzeit folgen ausgiebige Wanderjahre in Süditalien und Sizilien. Im Winter des Jahres 1517 und 1518 zieht der junge Doktor auf den alten Handelswegen des Mittelmeeres über Montpellier und Barcelona nach Cartagena und Andalusien, kommt über Lissabon an das Pilgerzentrum Santiago de Compostela und wandert die mittelalterlichen Pilgerstraßen ins Frankenreich zurück. Der junge Theophrast ist jetzt schon jener leidenschaftliche Wanderarzt geworden, der in nachgehender Fürsorge seine Erfahrungen im »Codex naturae« zu machen versucht, in der hohen Schule der Erfahrenheit. »Darum will ein Arzt ein Theoricus sein, so muß er perambulanisch handeln, peregrinisch und mit Landstreichung die Blätter in den Büchern umkehren, nicht der Mutter in dem Schoß gebratene Feigen an einem Spießlein essen«. (XI, 29)

Das ist der »Codex naturae«, das »Buch der Natur«, also muß man seine Blätter umkehren. Die Schrift wird erforscht durch ihre Buchstaben, die Natur aber durch Land zu Land: »als oft ein Land, als oft ein Blatt«. Wer die Natur also durchforschen will, »der muß mit den Füßen ihre Bücher treten«, der muß auf Wanderschaft gehen, wobei schon

Juvenalis gewußt habe, »daß allein der fröhliche wandert, der nichts hat«.(Defensiones, IV)

Wir finden Theophrastus 1519 in Brügge, dann in Löwen und in Antwerpen. Von dort stammt sein Bekenntnis: »Da kannst du auf den Marktplätzen mehr lernen als in den deutschen und welschen Hochschulen.« Er bereist die skandinavischen Länder und nimmt 1510 am dänischen Feldzug gegen Schweden teil. Er soll – was freilich nicht bezeugt ist – Moskau besucht haben und Konstantinopel. Nach einer Überlieferung sei er sieben Jahre lang der Gefangene eines Tatarenchans gewesen und habe die buddhistischen Einweihungen erfahren! Das alles ist Legende!

Gut hingegen dokumentiert ist die Teilnahme am »dänischen Krieg«, einer Strafexpedition des dänischen Königs Christian II. gegen die rebellischen Schweden, welche die Kalmarer Union lösen wollten. Im Jahre 1520 hatte Christian Stockholm erobert, so daß Paracelsus mit Recht von einem »Stockhalma in Denmark« (X, 96) schreiben konnte. Nach weitläufigen Fahrten durch Osteuropa, die ihn über Brandenburg, Ostpreußen, Polen und »Litauen« (womit die Westukraine, Siebenbürgen und Kroatien gemeint sind) führten, kehrt Theophrastus im Jahre 1524 über Dalmatien und Venedig nach Villach zurück und versucht, sich zu ärztlicher Praxis in Salzburg niederzulassen. Er gerät in Verdacht, mit den aufständischen Bauern zu sympathisieren und läßt sehr bald schon wieder ab von seiner Praxis. »Da ich aber sah, daß sie nichts anderes als Töten, Sterben, Würgen, Erkrümmen, Erlahmen, Verderben machte und zurichtete, und daß kein Grund da war, ward ich gezwungen, der Wahrheit anderwegs nachzugehen.«

Paracelsus, der Bauernunruhen wegen Salzburg verläßt, tut sich um im schwäbsichen Land, in Wildbad, Liebenzell, Hirsau und wird schließlich abermals ansässig, diesmal in Straßburg. Er tritt der »Zunft zur Lutzerne« bei, der Müller und Wundärzte, wie ein Eintrag im Bürgerbuch unter dem 5. Dezember 1526 bezeugt: »Theophrastus von Hohenheim, der Arztney Doctor, hat das Bürgerrecht kaufft.«

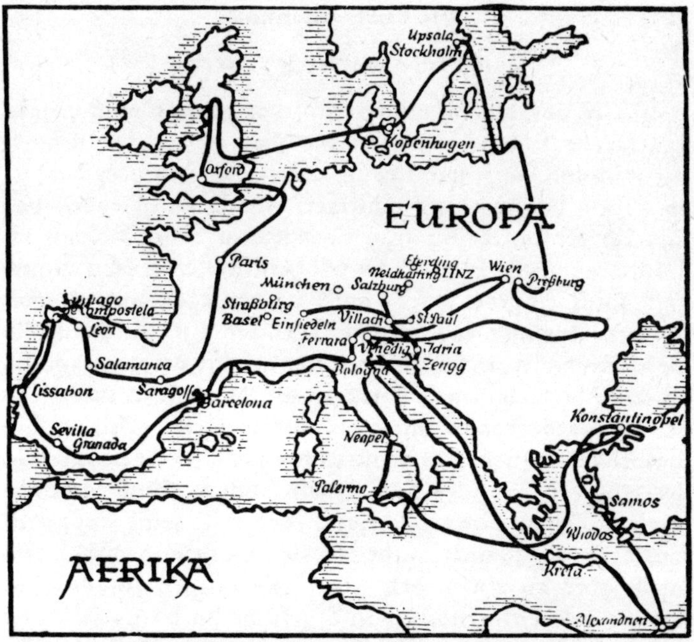

Wanderwege des Theophrastus von Hohenheim.

Soweit die Lehr- und Wanderjahre, die uns nun schon etwas vertrauter gemacht haben mit jener Gestalt, die uns auf den bekannten Stichen von Augustin Hirschvogel begegnet: ein zu klein geratener, buckliger Glatzkopf, mit grimmigem Blick, im besudelten Wams, das riesige Schwert zwischen den Fäusten! Hier gilt wohl genau das, was Kierkegaard auch an Sokrates erfahren hatte: »Das Äußere war überhaupt nicht in harmonischer Einheit mit dem Innern, sondern eher dessen Gegensatz, und nur unter diesem Brechungswinkel ist er aufzufassen.« *(Begriff der Ironie, 6)*

Ganz ähnlich wie Sokrates verteidigt er immer wieder seine »wunderliche Weis«, und er weiß nur zu gut, was für ein »wunderlicher Kopf« er war. Von Natur aus »nit subtil gesponnen«, und oft genug »fast grob gegen die Subtilen, Katzreinen, Superfeinen«, ist er überdies – ganz ähnlich wie

Die vierte defension

von wegen meines lantfarens.

Mir ist not, das ich mich verantworte von wegen meines lantfarens und von wegen des, das ich so gar nindert bleiblich bin. nun wie kan ich wider das sein oder das gewaltigen, das mir zu gewaltigen unmüglich ist? oder was kan ich der praedestination nemen oder geben? damit ich mich aber gegen euch etlichs teils entschuldige, dieweil und mir sovil eingeret wird, auch zu verargen und zu verspotten. darumb das ich ein lantfarer bin, gleich als ich desto minder wert sei, sol mir es niemant verargen, ob ich mich ob demselbigen beschweren würde. mein wandern, so ich bisher verbracht hab, hat mir wol erschossen, ursach halben das keinem sein meister im haus wachset noch seinen lerer hinder dem ofen hat. so sein auch die künst nicht alle verschlossen in eines vaterlant sonder sie seind ausgeteilt durch die ganze welt. nicht das sie in einem menschen sein alein oder an einem ort, sonder sie müssen zusamen geklaubt werden, genomen und gesucht do do sie seind. es bezeugts mit mir das ganz firmament, das die inclinationes sonderlich ausgeteilt sein, nicht alein einem ietlichen in seinem dorf, sonder nach inhalt der obristen sphaeren gehen auch die radii in ir zil. ob mir solches nicht bilich sei und wol anstehe, dise zil zu erforschen und zu ersuchen und zu sehen was in einem ietlichen gewirkt wird? wa ich solches gebrechen trüg, würd ich unbilich sein der Theophrastus der ich dan bin. ist das nicht also? die kunst gehet keinem nach, aber ir muß nachgegangen werden. darumb hab ich fug und verstant, das ich sie suchen muß und sie mich nit.

Auszug aus Paracelsus' Schrift *Septem defensiones*
(Ed. Sudhoff, Bd. XI, 141–142).

Sokrates – eher krumm und ungestalt: »Gleich als einer, der ist krumm geboren, hat einen Buckel auf dem Rücken wie eine Laute und auch sonst kein Person am Leib.« Und weiter, eher klagend: »Wie können die Frauen einem hold sein, dem sein eigen Natur nit hold ist und hat ihn verderbt im Mutterleib« – hat nur ein so großes Gehäuse gemacht für ein allerdings nun aufstrahlendes Inbild!

Damit hätten wir nun schon den Mann und sein frühes Werk etwas plastischer vor Augen, jedenfalls deutlich genug, um das herauszuarbeiten, was ich einmal – sicherlich viel zu wagemutig – seine »sokratische Kehre« nennen möchte, eine dreifache sokratische Kehre, nämlich 1. die große berufliche Krise, mit jenem Versagen an der Praxis, das ihm zum Fundament seiner Theorie werden sollte; 2. das Debakel seiner Karriere zu Basel, zugleich aber auch der leidenschaftliche Kampf gegen die Schulmedizin; 3. jene tiefste und letzte Krise im Glauben, die dem Paracelsus erst den Weg zum wahren Heile weisen sollte.

Und lassen Sie mich dabei versuchen, nicht nur über diese Wendungen und Wandlungen zu berichten, sondern aus der Sprache des Paracelsus selber heraus, einer so unruhig erregten Sprechweise, markig und grob, treffend und oft genug auch verletzend, einer Diktion, in der – wie Paracelsus das nennt – »Wort und Werk ehelich ineinander verpflichtet« seien, aus der man lernen soll, »daß die Worte und die Werke ein Ding sind«.

Wie sehr aber bei Paracelsus Wort und Werk »*ein* Ding« gewesen sind und auf wahrhaft sokratische Weise miteinander verflochten, das möchte ich an weiteren drei Exkursen belegen, die herauszustellen versuchen: 1. die wichtigsten Schlüsselbilder des Paracelsus. 2. sein »Haus der Heilkunde« in theoretischer Sicht und 3. die fünf Dimensionen des gesunden und kranken Menschen, die wiederum so unmittelbar verknüpft sind mit jeder seiner drei »sokratischen Kehren«.

2

Die erste sokratische Kehre

Um das Jahr 1525 deutet sich für den 33jährigen Theophrastus eine tiefgreifende biographische Krise an, die sich besonders deutlich kundtut in der Vorrede zur *Großen Wundarznei* des Jahres 1536, entstanden aus den Basler Vorlesungen der Jahre 1527 und 1528. Dort lesen wir: »Ich hab' je und je mit großem Aufsehen fleißiger Arbeit mich geflissen zu erfahren den Grund in der Arznei, ob sie doch möcht' eine Kunst geheißen werden oder sein oder nicht, oder was doch in ihr sei.« (X,19)

Es damit jenes besondere »Ungewisse der Fürnehmens« gemeint, das eigentlich jeden Arzt bedenklich machen sollte, das vor allem aber den Chirurgen in Unruhe hält. »Hab ich auf solches mehrmals mir vorgenommen, diese Kunst zu verlassen.« Zu bedenklich ist sie, zu oft nur ein Fabelwerk »und ein süß' Mißlocken des Pfennigs«; viel zu sehr ist sie Sache des Zufalls und des reinen Glaubens, des bloßen Glücks. Und noch einmal die Enttäuschung, die Warnung, das resignierte Bekenntnis: »Hab' oft von ihr gelassen und mit Unwillen in ihr gehandelt.« (IX, 19)

Dann aber ist er doch wieder auf die Wanderschaft gegangen, der junge Doktor, hat Studien getrieben auf den Hohen Schulen, um den Grund der Arznei zu suchen, ist gewandert durch ganz Europa. Er hat gelernt bei Doktoren und bei Badern, bei Weibern und Alchimisten, bei den Gescheiten wie bei den Einfältigen.

Und abermals die Erfahrung, die Ernüchterung, das Geständnis: »Hab ihm viel nachgedacht, daß die Arznei eine ungewisse Kunst sei, die nicht gebührlich sei zu gebrauchen, nicht billig mit Glück zu treffen.« Und wiederum der Entschluß und endlich die Entscheidung: »Hab' abermals von

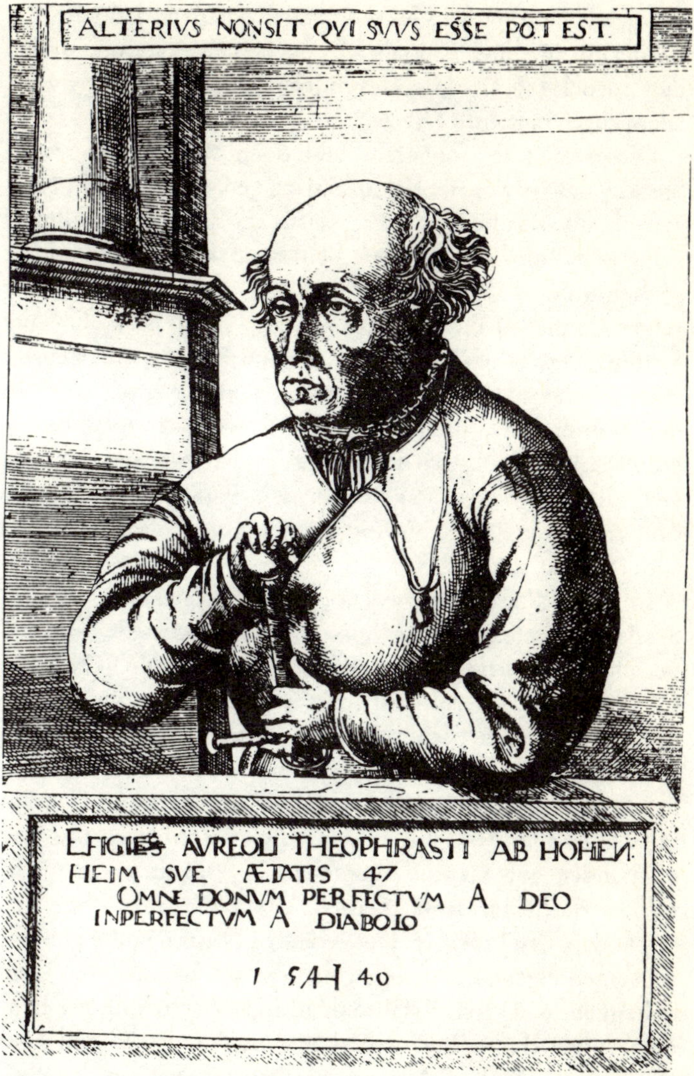

Paracelsus und sein Wahlspruch:
»Alterius non sit, qui suus esse potest.«
Stich von Augustin Hirschvogel (1540).

ihr gelassen, bin in andere Händel gefallen, jedoch aber wiederum in diese Kunst gedrungen, hab' dabei gefunden den Spruch Christi: die Gesunden bedürfen keines Arztes, allein die Kranken.« (X, 20)

Dieses ständige Zweifeln und doch wieder Zur-Sache-Stehen, das ist wahrhaftig sokratisch gedacht, aus dem Herzen heraus, das heißt für Paracelsus im »spiritus Apollinis« gehandelt, um mit ganzer Leidenschaft den Grund zu suchen und den Weg zu finden. Einen neuen Grund will er setzen, ohne all die Fabeln und das Geklapper, ohne die Schreier und Schwätzer »in Pracht und Pomp«, einen einfachen Grund aus eigener Erfahrung, und diesen »erstlich in der Wundarznei, die ich als das Gewisseste noch bisher erfahren habe« (X, 21). Daß dabei an den Alten nicht mehr viel zu ändern sei, das weiß auch Paracelsus, aber die Jungen, die sind seine Hoffnung, »die Jungen werden in eine andere Haut schliefen«.

In einem *Liber antimedicus*, verfaßt gegen die Irrtümer des Hippokrates, hat Paracelsus zusammengestellt, was den perfekten Chirurgen ausmacht. Was die Persönlichkeit eines Chirurgen betrifft, so bleibt zunächst zu beachten:

1. Er soll nicht sich selbst für sicher genug halten, alle kritischen Zustände beherrschen zu können. 2. Er soll täglich lernen, von sich selbst und von anderen zu erfahren. 3. Was er auch tut, soll er seinem Gewissen nach tun und niemanden gewissenlos übergeben. 4. Allzeit sei er nüchtern, bedachtsam, mild, keusch, guten Wandels, ohne sich selbst dabei zu loben. 5. Der Kranken Nutzen sollte er mehr als seinen eigenen bedenken, mehr der Kunst als dem Geld anhangen. 6. Durch Erfahrenheit und Wissen sollte er handeln, ohne das keinen Kranken anfallen. 7. Er soll kein Hurenwirt, Henker, Apostat sein, auch keiner aus der Pfaffen Zahl.

Der zweite Punkt berücksichtigt den verletzten Kranken, den der Chirurg genauso kennenlernen soll, wie ein Zimmermann sein Haus kennt mit all seinem Zubehör:

1. Er soll wissen, wie vierlei Muskeln und wo jegliche

So nun aus der natur der arzt wachsen sol, was ist die natur anders dan die philosophei, was ist die philosophei anders dan die unsichtige natur? einer der die sonn oder mon erkent und weiß mit zugetanen augen, wie die sonne oder der mon ist, der hat sonn und mon in ime, wie sie im himel und firmament stehen. das ist nun die philosophei, das sie im menschen wie außerhalben ungreiflich stande, wie einer der sich selbs im spiegel sicht. wie also einer sich selbs bedeutlich von puncten zu puncten ersehen mag, also sol der arzt den menschen bedeutlich in wissen tragen, genomen aus dem spiegel der vier elementen, dieselbige fürbilden im den ganzen microcosmum, das er durch denselbigen sicht wie ein verschlossen weiß galreden in einem glas. und es sei denn sach, das ein arzt ein menschen also lauter durchsehe, als durchzusehen ist ein distillirter tau, in dem sich kein fünklin verbergen mag, das nit gesehen werd. und also durchsichtig sol er hinein sehen als durch einen quellenden brunnen, wie viel stein und sandkörner, mit was farben, formen ꝛc sie sind, also offenbar sollen im sein die glider im menschen auch. dieselbigen glider sol er also durchsichtig haben, als der auspolirte cristallen, in dem sich ein herlin nicht möcht verbergen. das ist die philosophei auf die der grund der arznei gesezt ist.

Auszug aus Paracelsus' Schrift *Opus Paragranum*
(Ed. Sudhoff, Bd. VIII, 71).

stehen am Menschen. 2. Er soll erkennen auch alle Gebeine, Rippen, Schalen, wo und wie ein jedes stehe und aneinander oder beieinander gefügt sei. 3. Ferner alle Adern, Nerven und Knorpeln, und was die Bein zusammen halte. 4. Auch die Länge, Zahl und Form, die Stätten und Enden eines jeglichen Gliedes, Fleisches, Markes und anderes. 5. Auch wo die Ausscheidungsorgane liegen, wo sie zu schützen seien und was in allem liege innerhalb der Eingeweide. 6. Auch wo das Leben, der Tod, die Hauptglieder und alles im Menschen liege, nichts ausgenommen, mit ihrer jeweiligen Art, Eigenschaft und Wesen, und was ein jedes erleiden möge.

Der dritte Aspekt gliedert die spezifische Kunst eines Chirurgen:

1. Er soll aller Kräuter Art wissen und wohl erkennen, wozu ihm diese dienlich sind. 2. Auch wisse er, was reinige, was heile, was bald, was langsam, nach jeder Wunden Art. 3. Auch bei allen Zufällen soll er unterrichtet sein, um ihnen zuvorzukommen, und wissen, was sei. 4. Auch soll er dem Kranken gebieten und verbieten, was sein soll und nicht sein soll nach dem Lauf. 5. Unterrichtet sei er in der bewährten Arznei. 6. Er kenne ihre Wirkung, sie stärker oder anders zu machen, und soll nit auf einer Geige leiern. 7. Er verachte keine Kunst noch einen Künstler, er soll von allen lernen, Wissenden und anderen, zu gesteigerter Unterrichtung. (V, 423)

Mit eindrucksvollen Worten beendet Paracelsus seine Wundarznei, nicht ohne zum Abschluß noch einmal auf den Kern und den Geist seiner Heilkunst zu kommen: »Selig ist aber der Kranke, dem Gott zufüget seinen Arzt! End' der großen Wundarznei Doktors Paracelsi.« (X, 214)

Was im Wort ist, was im Kraut ist, was das Feuer setzt, alles das soll der Mensch an sich ziehen, zu seinem Nutzen und seinem Heile, so wie der Magnet vom Eisen zu seiner Erhaltung empfängt. So wird der Mensch zu »Gesundheit und Gänze« gebildet (II, 90). Darin allein liegt aller Heilung Sinn, »die Gebrechlichkeit seines Leibs zu wenden und ihn

Der dritte Theil
Der grossen Wundtartz-
ney deß weitberhümpten/ bewerten/ vnnd erfahrnen/ Theophrasti Paracelsi von Hohenheim/

der Leib vnd Wundartzney Doctorn. Von der vergifften schädlichen Kranckheit/ die Frantzosen genannt.

Mit Röm. Keis. Maiestet Freyheit nicht
nachzudrucken.

Paracelsus: *Der ander Theil der grossen Wundtartzney* ...
Titelblatt der Erstausgabe von 1537.

zu bringen wiederum in seine Macht und Stärke, auf daß er möge Gott das darbringen, in das er geboren ist, welches ein Kranker nicht zu vollbringen mag, da er tot liegt wie ein Tier und wie entschlafen«. Sollte solch wunderbare Heilkunst nicht groß erachtet werden? »Was ist mehr? Was Größeres? Was noch nützlicher? Denn was geht über einen gesunden Leib!«

Mit Kunst und Wissen, aus dem Amt des Herzens heraus und mit aller Barmherzigkeit, wird sich der Arzt zu dieser seiner Kunst bekennen. »Was nützt es euch auch, daß ihr euch befleißiget viel rhetorischen Geschwätzes, das doch keinen Arzt machet, sondern ihn zerbricht? Was sucht ihr in der Logik und in eurer Dialektik, die alle dem Arzt zuwider sind und eine Hinderung des Lichts der Natur«? Verzehrt also eure Zeit nicht mit den Büchern der Alten, die doch zu nichts nütze sind und einen nur gereuen, wendet euch lieber an das Licht der Natur und bleibt getreulich auf diesem Wege!

Mit solchen frühen Erfahrungen sieht sich der junge Hohenheim auf einen eigenen Weg, auf seine Methode, gesetzt, eine Methode, die nun im »Examen naturae« weiter geprüft und am Licht der Natur voll und ganz, leibhaftig, erfahren sein will.

Für Paracelsus ist zunächst einmal *der Leib* der natürliche Ausgang, um an das Wesen des gesunden und kranken Menschen zu kommen, damit aber auch der methodische Schlüssel, der die Geheimnisse des Ganzen öffnet. Denn dieser Leib ist nicht nur ein Medium zwischen dem Makrokosmos und dem Mikrokosmos, er ist eine ganze Welt für sich, ein eigener Endokosmos. Mit dieser leibhaftigen Welt, mit diesem welthaften Leib, sieht sich der Mensch auf eine Fährte gesetzt, als ein Jagd- und Spürhund, ein »Leithund«: »Und wie es der Hund in der Nase hat, so sollt ihr es in den Augen haben und die Formierung des Leibes durch die Anatomie hindurch sehen lernen. Denn nur so wird man den Menschen also lauter durchschauen als durch einen destillierten Tau zu sehen ist, in dem sich kein Fünklein verbergen mag, das nicht gesehen werde. Und also durchsichtig soll man hindurchsehen wie durch einen quellenden Brunnen, wieviel Steine und Sandkörner, mit was Farbe, Form usw. sie sind, also offenbar sollen sein die Glieder den Menschen auch.« (VII, 71) Durchsichtig werden sollen die Glieder wie der auspolierte Kristall. Und wie die Asche im Feuer zu Glas wird, also wird im Glas drin erscheinen die Figur des siderischen Leibes. Die wird nun gesehen wie der Mond im Brunnen. (XII, 203).

Sind wir einmal auf dieser Fährte, dann beschenkt uns die Jungfer Experientia aus dem Füllhorn natürlicher Gaben. Sie weist uns an, wie man über das Äußere Ansehen das Innere anschaut. Beides muß man gesehen und gelernt haben. Was hilft es einem, wenn er eine schöne Jungfer ansieht und im Angesicht auswendig kennt, kennt sie aber inwendig nicht; wie bald wird der betrogen! Sollen wir warten, bis sie ihre Tücke zeigt, die Jungfer, die vorher für ein Schaf gehalten wurde? Sollen wir warten, bis die Fische von selbst ans Gestade kommen? Sollen wir Erde und Wasser und Jungfrauen nur von außen ansehen und nicht wissen, was wohl dahinter steckt? Sollen wir nur die Spinngewebe an der Wand kleben sehen und nicht auch die zitternde Bewegung in ihnen erspüren lernen? Sollen wir in unserem praktischen Werkeltag versaufen und in der Alltagskrämerei verkommen und nicht suchen und anklopfen und bitten, und zwar da, wo die Dinge sind und wo sie uns aufgetan werden und einmal offenkundig sein sollen?

An unserem Leibe ist wahrhaft abzulesen, wie die Dinge ständig Zwiesprache halten mit dem Menschen (»res cum hominibus colloquuntur«) und in diesem Kolloquium ihre Wesenszüge aufweisen. Innerhalb dieser weltweiten und leibhaftigen Korrespondenz ist allein auch das Phänomen des Pathologischen zu verstehen: daß der Mensch in einem natürlichen Mangelzustand lebt, ein »sub-jectum«, das da leidet und seinen Mangel hat, das transmutiert sein will durch den Vulcanus, nicht einen leiblichen Schmied, sondern einen astralischen Feuermeister (VIII, 352), der immer neu uns wendet und so auch den Arzt zu macht, der die Not wendet.

Nur insofern kann der Arzt alle übrigen Fakultäten einbeschließen und als Leibsorger auch den Schlüssel zum Reiche Gottes haben, »in dem Segen und das Licht der Welt ist, von dem der Weg und die Wahrheit ausgeht«! Der Arzt als der fachkundige Interpret dieser Leiblichkeit, als der leibhafte Wirt und Wandler unseres Lebens, er allein weiß um Gesundheit und Krankheit, »er begreift den Puls am Firmamente, die Physiognomie in dem Gestirn, die Chiromantie in den Mineralien, den Atem in den Winden, die Fieber im Erdbeben«. Auf eine Formel gebracht, lautet dieses Heilprinzip: Der Himmel selbst solle sich in uns leiben. Darum sollen wir unseren Leib nicht verderben und feiern lassen, sondern Tag und Nacht in Übung liegen, um das Natürliche und das Ewige in das Werk zu bringen. Denn noch ist die Schöpfung nicht vollendet, wir selbst müssen uns bringen in die »ultima materia« und an das End aller Dinge, zu unserem Heile!

3

Sokratische Schlüsselbilder bei Paracelsus

Mit Erfahrungen dieser Art treffen wir in einem kleinen methodologischen Intermezzo auf einige Schlüsselbilder des Paracelsus, die man wirklich nur im sokratischen Geiste verstehen kann, als ein – wie ich das einmal nennen möchte – mäeutisches Instrumentarium, als Geburtshelferdienste zu wacher Begrifflichkeit. Ich beschränke mich dabei auf drei charakteristische Bilder: den Samen, das Reifen und die Frucht.

Das Bild des Samens

Im Bild des Samens zeigt sich uns die »Heimlichkeit« aller der Dinge, das, was »innen« in ihnen ist, dann draußen sichtbar wird in Blüte und Frucht, um im Ganzen die »Tiefe« der Erscheinungen offenkundig zu machen, das Wesen ans Licht zu bringen, an das »Licht der Natur«. Das Mysterium der Natur ist eben darin zu sehen, daß sie – im Licht der Natur – sich in allem »selbst beweist« (IX, 46).

Was hier Same sein könnte, wird evident im Elementargefüge jener klassischen vier Elemente, die als Luft und Wasser, als Feuer und Erde die Weltstoffe gliedern und ihre kosmischen Funktionen vermitteln: ein weltenweites Signaturensystem in einem omnivalenten Entsprechungsnetz! Aus dem Wasser wird im Ursprung die Welt. Wasser war die archetypische Matrix des Kosmos und aller seiner Geschöpfe, »als wär's ein Sack, in dem alle Samen wären und würden gesät, so wächst ein jegliches Genus und Species in seine Art und Eigenschaft« (III, 41). So ward Leben in Fülle gesät über die Erde. Inmitten der Erde aber steht der

Das Buch
Labyrinthus medicorum genant,
durch den hochgelerten hern Theophraſtum von
Hochenheim, beider arznei doctorn, auf das fleißigeſt
gemacht und zuſamen geſchriben.

Theophraſtus von Hochenheim zc ſagt den
Hippocratiſchen doctoribus ſeinen gruß.

Das ich anzeig, aus was büchern ich gelernt hab, dünkt mich es ſei die zeit und ſtunt zu entgegen, das bilich beſchehe, damit mancher aus dem wunder kome. ſo wiſſent nun, lieben herren und guten freunt, das die bücher ⟨ſo⟩ an euch und an mich von den alten her gelangt haben, mich gnugſam zu ſein nit gedeucht hat. dan ſie nit volkomen ſonder ein ungewiſſe geſchrift die mer zu verfürung dienet dan zum rechten ſchlichtigen weg, welches mich auch geurſacht, ſie zu verlaſſen. nun iſt nit minder, ein jünger mag on einen meiſter nit ſein; der jünger muß vom meiſter lernen. und das iſt ie und ie in mir gelegen, wa der meiſter ſei der da lere, dieweil die ſcribenten für meiſter nit mögen geacht werden? auf ſolchs hab ich gedacht, wie wan kein buch auf erden were, gar kein arzt, wie müßt gelernt werden? ſo befint ſich, das die arznei one menſchen meiſter wol mag gelernet werden. wie aber und in was weg, hab ich hie zuſamen geſezt, dieſelbige bücher die dan in erfindung aller künſten und theorica die rechten hauptbücher ſind. welche nun die ſelbigen ſind, folgt in diſem buch hernach, darinnen meniglicher wol mag gedenken und eigentlich wiſſen, das der menſch ſein heil im menſchen nit ſuchen ſol, als in einem einigen meiſter, ſonder den menſchen faren laſſen und ſuchen die hauptbücher, in den ſelbigen volkomen zu werden. das iſt der ganz grunt, zu wandlen in dem natürlichen liecht, das der menſch von im ſelbſt und aus eigner vernunft nit geben kan.

Auszug aus Paracelsus' Schrift *Labyrinthus medicorum errantium*
(Ed. Sudhoff, Bd. XI, 163).

Das erste capitel

von dem ersten und höchsten buch der erznei, in welchem ein ietlicher arzt sein kunst nemen und erfaren sol, welchs aus dem einigen geist gehet.

Das höchst und das erst buch aller erznei heißt sapientia, und on dis buch wird keiner nichts fruchtbares ausrichten. und das ist sapientia, das einer wisse und nit wene, also das er alle ding verstehe und mit vernunft gebrauche, und das ein vernunft und weisheit sei on torheit, on narheit, on irsal, on zweifel. sonder der recht weg, der recht grunt, der recht verstant und das recht ermessen und erwegen ein ietlichs ding in seiner wag trage. dan im selbigen buch ist der grunt und warheit und aller dingen erkantnus; wan aus der erkantnus werden alle ding geregirt, gefürt und in ir volkomenheit gebracht, und das buch ist got selbst. dan alein bei dem der alle ding geschaffen hat, bei demselbigen ligt die weisheit und der grunt in allen dingen. durch in wissent wir weislich zu hantlen in allem dem, in dem wir wandeln sollen, und on in wissen wir keinerlei zu regiren, zu füren, zu gebrauchen, wie es sein sol; on in ist es alles ein narrheit. zu gleicher weis wie die sonn auf uns scheint, also müssen auch die künst von oben herab auf uns scheinen. dan was ist weisheit, als alein die kunst, das ein ietlicher sein donum, sein officium wisse und kenne. und das mögen wir als wenig haben aus uns selber als wenig wir tag und nacht, somer und winter haben mögen. und ob gleichwol die erznei natürlich ist, das ist sie ist bei uns auf der erden, als das argentum vivum, als guaiacum ꝛc, so muß sie doch von dem höchsten buch uns gezeigt werden, also das wir durch dasselbige lernen, was in ir sei, wie es in ir sei, wie es von der erden genomen sol werden, wie den kranken und welchen kranken.

Auszug aus Paracelsus' Schrift *Labyrinthus medicorum errantium* (Ed. Sudhoff, Bd. XI, 171).

Mensch, an Statur zwar klein, an Kräften seines geistigen Vermögens jedoch gewaltig. Er spannt sich aus in die Elemente und hält sie und wird von ihnen unterhalten. Er steht mitten in der Welt da wie ein Mann, der das Universum wie ein Netz in seiner Hand hält und nun dieses bewegt.

So hatte Hildegard von Bingen ihren Kosmosmenschen beschrieben; mit nahezu gleichen Worten stellt Paracelsus ihn vor: »So bedenkt, wie groß und wie so edel der Mensch geschaffen ist und wie so groß seine Struktur begriffen wird« (VIII, 180), seine Struktur und seine Funktion, und auch dies wieder in Analogie zum Makrokosmos: »Denn da feiert kein Stern; kein Stern stehet stille, sind alle in täglicher Übung.« Nichts steht still, alle Dinge werken für und für: »Also feiert nichts in der Natur, ist alles in Übung von Stund zu Stund, von Tag zu Tag, von Nacht zu Nacht.« (XIII, 147) Und selbst, wenn wir schlafen, »so wächst uns doch Wein und Brot«. Und auch alle Muße nach der Arbeit, sie ist nur dazu da, um die »Handarbeit« zu verwandeln in »Herzarbeit«. So sehr ist uns die ganze Welt auf den Leib geschnitten, ist der Leib wahrhaftig Gespräch mit der Welt!

Damit aber ist über diese archaische Bilderwelt der Elemente etwas entscheidend Neues gekommen, jene eigentliche Kehre zur Neuzeit, die weder in der kopernikanischen Wende zu sehen ist noch im spekulativen Optimismus rechnender Mechaniker, die im Grunde eine anthropologische Wendung darstellt: Der Mensch als Ganzes tritt jetzt leibhaftig ins Zentrum der Welt! Sein Leib wird zum Symbol eines Bildnisses und aller Bildung. Der Kosmos Anthropos, wie ihn Nietzsche später nennen sollte, er ist entdeckt. Auch hier hatte Hildegard von Bingen, die rheinische Seherin vom Rupertsberg, die Paracelsus als »prophetissa teutonica« kannte und liebte, den entscheidenden Zug schon vorweggenommen und damit jener großartigen Philosophie des Leibes die Bahn vorgezeichnet, die von der abendländischen Geistesgeschichte erst noch zu entdecken wäre.

Im menschlichen Leibe ist ein Same angelegt, der zu geistiger Existenz reifen soll, der nur – wieder im sokratischen Sinne – ausgetragen werden will zu leibhaftiger Blüte. Alles, was Gott geschaffen hat aus dem Nichts, ist zu einem Etwas geworden; dieses Etwas aber ist nach Paracelsus der Same. »Das Etwas ist ein Same, der Same gibt das Ende seiner Prädestination und seines Officii.« Wie aber alle Dinge vom Nichts bis zum Ende beschaffen sind, »so ist doch nichts da, das auf das Ende gar sei, das heißt: es ist wohl bis auf sein Ende da, aber nicht gar bis auf das Ende, sondern der Vulcanus muß es vollenden« (XI, 187). Der feurige Werkmann, der Vulcanus, das ist der Künstler, »der alle die Dinge ordnet von dem Samen in ihre Ultima materia« (XIII, 156), in ihren letzten Zustand und ihr reifes Wesen.

Das Bild von der Reifung

Aus dieser seiner so sinnenhaften Anthropologie heraus begründet und beschließt Paracelsus »die Geburt der ganzen Welt« (I, 251). Was in der Natur als Same angelegt ist, das kommt nun im und über den Menschen zur Reifung. Und damit hätten wir mit den Bildern der Reifung ein zweites elementares Schlüsselbild: Die Natur nämlich gibt nichts an den Tag, das schon vollendet sei; der Mensch erst muß es vollenden: »Diese Vollendung heißt Alchimia.« Und sogleich weiter: »Das ist Alchimia: was nicht zu seinem Ende gekommen ist, zum Ende zu bringen.« (XI, 188) Ist doch nichts da, »das auf das End' gar sei, sondern der Vulcanus muß es vollenden«. Zum Verständnis für diesen Prozeß dient wieder ein einfaches, geradezu sokratisches Urbild: »So ist uns auch das Brot von Gott gegeben, aber nicht so, wie es vom Bäcker kommt, sondern die drei Vulcani, der Bauer, der Müller, der Bäcker, die machen Brot daraus.« (XI, 189)

Das ebenso schlichte wie elementare Bild wird dann sofort weitergeführt: Das Brot kommt in den Mund, wird vorverdaut, kommt in den Magen, wird aufbereitet, geht – assimi-

Das Ander Buch/

LABYRINTHVS MEDI-
CORVM genant:

Durch den Hochgelerten Herrn Theophra-
stum von Hohenheim / beyder Artzney Doctorn/ auff das
fleissigest gemacht/vnd zusamen ge-
schriben.

Theophrastus von Hochenheim/ꝛc. Sagt den Hippocrati-
schen Doctoribus seinen Gruß.

DAs ich anzeig/ auß was Büchern ich gelernt hab/ dünckt mich es sey die zeit vnd stundt zu entgegen dz billich beschehe/damit dz mancher auß dem wunder komme. So wissend nuhn lieben Herren vñ guten Freundt/ das die Bücher[so]an euch vñ an mich/von den Altẽ hergelangt habẽ/ mich gnugsam zu sein/nit gedeucht hat: Dañ sie nit volkom̃en/ sond' ein vngewisse geschrifft/die mehr zu verfürũg dienet/dañ zum rechtẽ schlichtigẽ weg: Welches mich auch geursacht/sie zu verlassen. Nun ist nit mind' ein Jünger mag ohn einen Meister nit sein/d' Jünger muß vom Meister lernen: vnd dz ist je vñ je in mir gelegen/wa d' Meister sey d' da lehre/dieweil die Scribentẽ für Meister nit mögẽ geacht werden? Auff solchs hab ich gedacht/wie wã kein Buch auff Erden were/gar kein Artzt/wie müst gelernt werdẽ? So befindt sich/dz die Artzney ohne Menschen Meister/wol mag gelernet werden. Wie aber vnd in was weg/das hab ich hie zusamen gesetzt dieselbige Bücher/die dañ in erfindung aller künsten vñ Theorica, die rechten Haupthü-

Paracelsus: *Labyrinthus medicorum errantium.*
Zwischentitel der Erstausgabe von 1589
bei C. Waldkirch, Basel.

liert – ins Blut usf. Der Alchimist also, das wäre nichts als »der Bäcker, indem so er Brot backt, der Rebmann, indem so er den Wein macht, der Weber, indem daß er Tuch macht«. So macht es der Vulcanus im Magen, der »Archaeus«, so der Vulcanus da draußen, die Technik.

Vor allem in seinen späteren Schriften verwendet Paracelsus für den Vulcanus, den in allen Dingen verborgenen Reifungsprozeß und organisierenden Gestalter, den Begriff »Archaeus«. Er ist der Schmied und der Koch, der Werkmann und der Stubenheizer; er ist das Prinzip der Reifungsprozesse. »Was macht die Birne zeitig, was bringt die Trauben? Nichts als die natürliche Alchimie. Was macht aus Gras Milch? Was macht den Wein aus dürrer Erde? All diese Zeitigung der Früchte ist eine natürliche Kochung. Also was die Natur in sich hat, das kocht sie, und wenn es gekocht ist, dann ist die Natur ganz.« (VIII, 59)

Was hier mit Zeitigung und Reifung gemeint sein könnte, beschreibt Paracelsus ein weiteres Mal – und er möchte es am liebsten »zum dritten bis hin zum siebenten Mal« tun: »Es ist ein schönes Ding um eine Rose, aber sie muß ein ganzes Jahr haben, bis sie in das Gestäud' kommt, zur Dolde, zur Blume, also auch alle anderen Dinge. Der das Gestäud' will für eine Rose achten, der hätte keine Rose, kennt sie nicht: der die Knospe für die Rose halten will und sie abbrechen, was hat er? Der aber die Zeit abwartet, bis die Natur es dahin bringt und es erwächst bis zu seiner Bestimmung, der hat eine Rose. So die Natur also handelt, wieviel mehr das Himmlische, das über die Natur ist. Darum soll keiner vor der Zeit sich rühmen, sondern die Zeit abwarten.« (XII, 406)

Und so sind auch alle die Teilprozesse der technischen Künste alle auch »im Menschen«, genau so »wie in der äußerlichen Alchimia, die dieses präfiguriert« (XI, 188). Dieser Bildungsprozeß aber, er wird besonders wichtig in unserem eigenen Organismus; denn da »betrifft er die Gesundheit und den Leib und das Leben«!

Vulcanus ist demnach der archaische Feuergott, der im

Das fünft capitel,

von dem buch der alchimei, wie on dasselbig der arzt kein arzt sein mag.

Nun gebürt sich das fünft buch auch zu lernen, aber von wegen des namens ist es manchem unangenem. nun wissent aber vom selbigen, wie kan ein weis man dem feint sein, das misbraucht wird? wie kan einer einer lasur feint sein, so ein maler etwas arges daraus macht? wer einem stein so der steinmez in verderbt hat? also da auch, wer kan der alchimei feint sein, so sie nicht schuldig ist? sondern der ist schuldig, der sie nit recht kan, der sie nit recht braucht. wer ist dem feint der von im selbst niemants beleidigt? wer kan einem hunt verargen, wen man ime auf den schwanz trit, so er beisset? weders heisst der keiser an galgen henken? den dieb oder das er gestolen hat? nemlich den dieb. darumb sol scientia nit veracht werden von wegen des nescienten.

Nun ist es ein kunst, die von nöten ist und sein muss. und so dan in ir ist die kunst vulcani, darumb so ist not zu wissen, was vulcanus vermag. alchimia ist ein kunst, vulcanus ist der künstler in ir. der nun vulcanus ist, der ist der kunst gewaltig, der er nit ist, der ist ir gar nichts gewaltig. nun wisset erstlich, von solcher kunst die ding zu verstehen, das got alle ding beschaffen hat, aus nichts etwas. das etwas ist ein sam, der sam gibt das end seiner praedestination und seines officii. und wie von nichts bis zum end alle ding beschaffen seind, so ist doch nichts do, das auf das end gar sei, das ist, bis auf das ende, aber nit bis gar auf das end, sonder der vulcanus muss es volenden. so weit seind alle ding beschaffen, das sie in unser hant seind, aber nicht als sie uns gebüren zuhant.

Auszug aus Paracelsus' Schrift *Labyrinthus medicorum errantium* (Ed. Sudhoff, Bd. XI, 186–187).

Mikro- wie im Makrokosmos wirkt: »Was das Feuer tut, ist Alchimia.« (XI, 187) Es allein macht die Welt der Naturstoffe zu einer Welt der Kunststoffe: Aus der primitiven Natur wird die reiche Zivilisation. Von daher versteht sich der Kernsatz: »Alchimia heißt eine Kunst, Vulcanus ist der Künstler in ihr.« Und so ist Vulcanus der »Bereiter« der großen Welt, der die Schöpfung erst vollendet. Und noch einmal – wörtlich –: »In der Erde liegen vielerlei wunderbare Heimlichkeiten. Nun die Sonne, der Mond, der Tag, die Nacht, der Tau, der Regen, das ganze Firmament ist der Motor, ist der Bereiter, ist das Feuer, daß alles das, was in der Erde ist, dasselbige muß heraus und muß durch das Feuer an den Tag.« (XII, 226)

Bilder der Frucht

Was in diesem feurigen Lebensprozeß an den Tag kommt und die Frucht zeitigt, das allein ist das Elixier, dies allein ein Ferment. »Welcher also will der Natur ein Bereiter sein, der muß auch da hindurch, sonst ist er ein Sudelkoch und Suppenwurst und ein Aufspüler.« Denn die Natur will, daß auch im Menschen sich bilde Samen, Reifung und Frucht, und daß in allem »der Natur nachgehandelt werde und nicht den tollen Köpfen nach«.

Weil aber der Mensch diese natürliche Kraft, die im Stein wie im Wort verborgen liegt, nicht zu entdecken vermochte, hat er sich auf Zauberei verlegt und hat mit Kreuz und Segen gehandelt und anderem Lappenwerk. Auf diese Weise hat er alle die Kräfte im Wort wie im Stein verfälscht, die da wirken »ohne Segen, Beschwörung und Kreuz. Mit so etwas haben sich Hexen und Unholde verführen lassen und sich eine ›Kunst‹ zugelegt, in der doch rein gar nichts gewesen ist« (X, 126). Aus der natürlichen Kraft der Dinge heraus erfahren wir letztlich die »große verborgene Tugend, die in den Dingen der Natur liegt«, und auch hier wieder dargelegt an einem ganz elementaren Beispiel: »Wenn einer im Winter einen Baum sieht, erkennt er ihn nicht und weiß nicht, was in ihm ist, solange bis der Sommer kommt und eröffnet es nacheinander: jetzt die Sprößlein, jetzt das Geblüh, jetzt die Frucht und was denn in ihm ist. Also liegt nun die Tugend in den Dingen verborgen den Menschen, und allein es sei denn, daß der Mensch durch den Alchimisten dieselbe innewerde wie durch den Sommer, sonst ist es unmöglich.« (VIII, 191) Der Charakter des Samens muß in der Zeit sich entfalten und im Zeitigen zu seiner sichtbaren Gestalt kommen. »Also ist das Licht der Natur, daß man durchaus die Probe sehe und im Licht wandere. In solchem Licht der Natur sollen wir verkünden und reden, nicht aus der Phantasie.« (IX, 55) Wir sollen mit der wahrhaftigen Kunst nicht nur den »leiblichen Lauf der Natur« kennen, sondern auch »den Lauf des Himmels« in uns (IX, 577), des »Himmels Inwurf«, den »Eingang des Himmels in uns und daß er sich in uns solle leiben«, verleiblichen, verwirklichen. Denn: »Ein jeglich Ding, das in der Zeit steht, das stehet im Himmel; daraus folgt nun die Fäulung, die Zergehung und die ander Geburt.« Die Zeit ist es, die »ursachet die Fäule in allen den Dingen«, so übersetzt Paracelsus das berühmte scholastische Diktum des Petrus Hispanus, des Papstes Johannes XXI., das lautet: »Tempus est causa corruptionis.« Die Zeit ursachet die Fäule, zeitigt aber auch die Heiligung!

Der gebildete Leib – heißt es im Buch *Paragranum* –, das ist der ausgewachsene Leib in all den fremden Dingen. »Der ist ausgewachsen, der sein selbst empfindet; der ist fremd, der in ein Unbekanntes geht.« Aus der Entfremdung heimfinden zu lassen, das ist »die Art des Lichts der Natur«. Und sogleich weiter: »So ist die Art des Lichts der Natur, daß sie in der Wiegen eingehet, daß sie mit Ruten ingeschlagen wird. . . und gehet hinein dermaßen, daß sie kleiner denn ein Senfkorn ist und wachset über den Senfbaum.« Drum immer wieder: Der Arzt soll wachsen! »So machet nun die Liebe und Barmherzigkeit den Arzt kunstreich; denn sie arbeitet wie das Feuer im Holz und gibt Kunst und Erfahrenheit und was es zu beiden bedarf.« (VIII, 267)

Mit den »Augen des Feuers« (IX, 44) muß der Arzt den Sinn für die Natur gleichsam durchdringen, um sie offenbar zu machen in den Früchten, in leibhaftigen Werken. »Also kommt der Grund in unser Wissen und unsere Erkenntnis, weil alle Dinge einen Samen haben und im Samen alle Dinge beschlossen sind. Und die Natur ist der Fabrikator in die Figur, so gibt sie die Form, die das Wesen an sich selbst ist, und die Form zeiget das Wesen an.« (XII, 177)

Arzt wie Patient sollten dabei wissen, »daß Gott in den Krankheiten gleich so groß gelobt und gepriesen will werden in meisterlichen seltsamen Werken als wie in den Blumen des Feldes, obschon dies dem Menschen widerwärtig ist. Schaut aber an: Alle Vögel hat er geschaffen, das ist ihm ein Lob, auch die Würmer, Spinnen, Basilisken, sie sind ihm gleicherweise ein Lob wie die Nachtigall, der Pfau oder vielerlei gute Gewächse wie Gold und Perlen, gleich wie auch viel Gift ob Arsenik oder Merkur –: es ist alles sein Lob. Also ist ihm ein Lob, daß er uns die Gesundheit gegeben hat, also auch gleichermaßen ein Lob ist die Krankheit; es braucht gleiche Meisterschaft zu schmieden die Blumen als zu schmieden die Krankheit: es ist eine Ordnung und ein Wesen« (I, 327). In beiden Seiten ist die gleiche Meisterschaft, im Zerbrechen wie im Ganzmachen. Drum ist der Winter so löblich wie der Sommer. Beide wirken ein Werk!

Auf die gleiche Art und Weise wachsen nun auch die Arzneien unter den Künsten des Arztes. In seiner Hand wird die Arznei wie ein Samen, der wachsen muß zu einem Baum der Arznei, dessen Frucht die Heilung ist. In der Vorrede zum dritten Traktat *Von den offenen Schäden* (X, 350) hat Paracelsus auf eine besonders eindringliche und ergreifende Weise von solcher Heilung gesprochen. Er hat sie gepriesen als »das größte Perlein« und den »edelsten Schatz«. Nichts Größeres kann gedacht werden auf Erden als dieses eine, »die Kranken heilen«!

Theorica und Practica sind hier zur Einheit gekommen, auf jene so unvergleichliche Weise, von der auch Goethe gewußt hat, wenn er bekennt: »Es gibt eine zarte Empirie, die sich mit dem Gegenstande innigst identisch macht und dadurch zur eigentlichen Theorie wird« – eine überaus tiefsinnige Bemerkung, die sich ihres Ranges durchaus bewußt zeigt, wenn Goethe schließt: »Diese Steigerung des geistigen Vermögens aber gehört einer hochgebildeten Zeit an.« Sie ist einfach Sache des Niveaus!

Ich darf diese erste Kehre kurz zusammenfassen: Wir finden in Paracelsus einen sokratischen Geist mit einem universellen Bildungsauftrag. Und wie des Sokrates Vater Sophroniskos »Bildhauer« war, die Mutter Phainarete aber »Hebamme«, so erleben wir nun auch hier ein wahrhaft sokratisches »Daimonion«, als intuitives Erfassen und schöpferisches Bilden, eine Intensivform des Daimonion geradezu, dem Paracelsus den Namen »Archaeus« gibt: das Wirken des »Archaeus« im Licht der Natur!

4

Die zweite sokratische Kehre

In Straßburg kommt Paracelsus nach langen Wanderjahren schließlich zur Ruhe und abermals zu einer Praxis. Als vielgesuchter Konsiliarius wird er bald in das benachbarte Basel gerufen. Sein Heilerfolg beim Buchhändler Froben und eine therapeutische Beratung des Erasmus von Rotterdam bringen ihm eine Anstellung als Stadtarzt in Basel ein. Die dortige Universität hatte zwischen 1460 und 1534 nur einen ordentlichen Lehrstuhl, der damals mit Oswald Baer (1482-1567) besetzt war. Dafür durften alle Doctores der Stadt, und so auch Paracelsus, öffentliche Vorlesungen halten.

Mit einem völlig neuen Programm tritt Paracelsus im Februar 1527 in Basel an. Der Gammler ist Ordinarius geworden; seine bürgerliche Existenz ist gesichert – so scheint es! Paracelsus kündigt an, er würde nicht aus alten und längst überholten Autoren dozieren, sondern seine eigene, auf Erfahrung beruhende Lehre vortragen. So heißt es in einem lateinischen Flugblatt vom 5. Juni 1527, der berühmten *Intimatio*! Er fühlte sich als ordentliches Mitglied der Fakultät, auch wenn er sich nie in die Matrikel eingeschrieben hat, es auch für unnötig hielt, die Fakultät um eine Venia legendi und das Recht zur Promotion zu bitten.

Paracelsus las in den ersten Semestern den lateinischen Traktat *De Gradibus*, eine Rezeptlehre nach Galenischem Schema, sowie in deutscher Sprache über chirurgische Krankheiten. Eine weitere Vorlesungsreihe über die Syphilis fand nicht mehr statt. Am 24. Juni kam es zu der fast schon legendär gewordenen Baseler Bücherverbrennung: »Ich habe die Summa der Bücher in Sanct Johannis Feuer geworfen, auf daß alles Unglück mit dem Rauch in die Luft gang, und also ist gereinigt worden die Monarchei, und sie wird von keinem Feuer mehr gefressen werden.« (VIII, 58) Mit dieser Summa ist sicherlich nicht das Canon Avicennae gemeint, wie man immer wieder lesen kann, sondern eher der handliche Summulator des Mesuë, ein arabisches Rezeptbuch.

Mit fanatischem Eifer greift Paracelsus jetzt die Autoritäten an: »Ich sage euch, mein Gauchhaar im Genick weiß mehr als ihr und eure Skribenten, und meine Schuhriemen sind gelehrter als eure hohen Schulen. Ich will die Stund' greifen, daß euch die Säue im Katen müssen umziehen: Wie gefällt euch der Peregrinus? Wie gefällt euch der Waldesel von Einsiedeln? Kommt heraus mit dem, was in euch steckt: könnet ihr disputieren? Warum fangt ihr's nicht an?« (VIII, 65) In seinen Disputationen beschreibt er drastisch, wie er des armen Galenos Seele in den Abgrund der Hölle vergraben sieht. Von dort habe er ihm geschrieben, mit einem Datum der Hölle: »Ich hätt' nicht vermeinet, ich hätt' nicht vermeinet, daß der Fürst der Ärzte dem Teufel in den Arsch gefahren sollt' sein, nämlich seine Diszipel fahren ihm nach oder mindestens seiner Mutter ins Futtloch! Sollte das ein Fürst der Arznei sein und die Arznei auf ihm stehen, so müssen's die größten Schelme in der Arznei sein, so unter der Sonne leben.« (VIII, 57)

Das war die Diktion seiner ersten Vorlesungen! »Allen Einwürfen wider Sittlichkeit und Religion« – wie Kant dies in seiner *Kritik der reinen Vernunft* genannt hat – »auf sokratische Art, nämlich durch den klärsten Beweis der Unwissenheit der Gegner, auf alle künftige Zeit ein Ende zu machen« –, das war so recht nach Herzenslust auch des Paracelsus Art. Was man indes dem Paracelsus ganz und gar absprechen muß, das ist die berühmte »sokratische Ironie«, wenn man »eironeia« wörtlich als »Selbstverkleinerung« verstehen will. Paracelsus ist immer ein Großsprecher gewesen, ein Großmaul, ein Bombastikus. Bald schon raunt man sich zu Basel zu, dieser wilde, unbequeme Mann führe neue dämonische Wesenheiten ein, mit Begriffen wie Hyliaster, Archidoxis, Archaeus, und verderbe damit die Jugend, schlimmer als je ein Sokrates!

Es kommt zu immer heftigeren Konflikten mit der Fakultät, mit dem Magistrat, mit den Kollegen, auch mit den Studenten. Die Basisgruppen polemisieren gegen den Reformer! Paracelsus bleibt selbstbewußt und wird immer selbstherrlicher, wie aus einem Brief an den befreundeten Stadtarzt Christoph Clauser nach Zürich hervorgeht, wo es heißt: »So wie die Araber ihren Avicenna hatten, die Pergamener den Galen, Italien seinen Marsilius, so hat mich das glückliche Germanien zu seinem unentbehrlichen Arzt bestimmt.« (IV, 71) Immer systematischer aber wird auch die Position des Theophrastus erschüttert. Im November 1527 war der Buchdrucker Froben verstorben, in dessen Haus Erasmus und Oekolampadius, und andere Gönner, verkehrten, auch der jüngere Holbein und die Brüder Amerbach.

Wenig später ward ein Spottgedicht an den Kirchtüren und an der neuen Burse angeschlagen, gegen das Paracelsus vergeblich den Schutz des Rates anforderte. Das Gedicht war keineswegs zahm, und eine Stimme aus der Unterwelt ließ sich darin wie folgt vernehmen: »Verrecken will ich, wenn du des Hippokrates Nachttopf zu tragen würdig wärest oder zu hüten meine Schweine, du Nichtsnutz! Was schmückst du Dohle dich denn mit Federn, die du gestohlen?« usw. usf. Hinzu kamen Honorarforderungen, auf die der geheilte Kanonikus Cornelius von Lichtenfels nicht einging. Paracelsus reizt die Behörden, die Kollegen, die Schüler. Eine Verhaftung wegen »Aufsässigkeit« droht. Paracelsus muß fliehen!

Der Weggang aus Basel gleicht einer Flucht bei Nacht und Nebel; Ruhe findet er erst wieder bei seinem Freunde Lorenz Fries in Kolmar, wie aus einem Brief vom 28. Februar 1528 hervorgeht: »Welche Maßregeln das feindliche, früher mein Basel (adversa Basilea, olim mea) gegen mich ergriffen hat, ist mir noch völlig unbekannt. So groß war der Meeressturm gegen mich, daß ich dort nicht mehr sicher war. Diesem Sturm entfloh ich, Sicherheit suchte ich, leidlich ruhige Tage. Dies fand ich in Colmar.« (VI, 35) Aus der Hoffahrt und Unfruchtbarkeit der akademischen Ziergärten sieht Paracelsus sich verpflanzt in einen anderen Garten, transplantiert auf die Acker der Notdurft, in den Garten der Erfahrenheit (VIII, 373).

In Kolmar beginnt er die erste große Syphilisschrift niederzulegen, verbittert, gedemütigt, aber ungebrochen: »Darum aber, daß ich allein bin, daß ich neu bin, daß ich deutsch bin, verachtet drum meine Schriften nit und lasset euch nicht abwendig machen. Denn hier herdurch muß die Kunst der Arznei gehen und gelernt werden und sonst durch keinen andern Weg nit.« (VIII, 201)

Ein Jahr darauf finden wir ihn in Esslingen und Nürnberg. Die Schrift *Von Ursprung und Herkommen der Franzosen* wird vollendet und erstmals mit dem Autorennamen versehen, der zum Ruhm der Welt wurde: Paracelsus! Und ist doch immer noch als der große Unbekannte anzusehen auch in einer Zeit, wo es nur so wimmelt von Paracelsus-Kliniken und Paracelsus-Apotheken, von Paracelsus-Bädern und Paracelsus-Medaillen und Paracelsus-Ringen, Paracelsus-Gesellschaften wie auch internationalen Paracelsus-Tagungen. Nicht einmal der Name selber ist geklärt worden. Vermutlich bedeutet Paracelsus nicht »Über Celsus hinaus«, sondern eher – nach der Mode der Zeit – die simple Latinisierung seines Familiennamens: Auf der Höhe daheim!

Im Jahre 1530 kommt der Wanderarzt in Beratzhausen vor Regensburg zu einer ruhigen Arbeit. Hier, im Schloß des Freiherrn Hans Bernhard von Stauff, erfolgt die letzte Bearbeitung des Buches *Paragranum,* das auch den Untertitel trägt *Liber quatuor columnarum artis medicae* (VIII, 133). Im Vorwort erscheint der alte Fluch auf die Schulmedizin und ihre Opfer: »Sollten die Kranken, die ihr erwürget, wieder aufstehen und auch weiter wie im Leben die Zucht beweisen, sie würden euch auf die Nasen scheißen und auf eueren Fürsten Aboali Abinschini.« (VIII, 139)

Mit seinem Buch *Paragranum* will Paracelsus nun endgültig den Grund der Arznei legen, jenen Grund, »ohne den kein Arzt wachsen mag«. In der Vorrede zum *Paragranum* bereits lesen wir die dezidierten Sätze: »Ich setz' meinen Grund, den ich hab' und aus dem ich schreib', auf vier Säulen, als in die Philosophei, die Astronomei, die Alchimei und in die Tugend: Auf den vieren will ich fußen.« (VIII, 54) *Philosophie* hat sicherlich nichts mit den ausufernden Fachbereichen unserer Philosophischen Fakultäten zu tun; sie ist aber ebensowenig Naturwissenschaft oder eine Art von Theosophie. Sie könnte am ehesten noch als Anthropologie verstanden werden, als eine Naturkunde vom Menschen. Auch Astronomie ist weder Himmelskunde noch Astrologie. Sie ist die Zeitkunde und begleitet die pathogenetischen und therapeutischen Prozesse. *Alchimia* sollte nicht verwechselt werden mit banaler Goldmacherei und ebensowenig mit einer vorweggenommenen Biochemie, ganz zu schweigen von einem tiefenpsychologisch zu deutenden Individuationsprozeß. Hier geht es sehr nüchtern um die biophysikalische Energetik eines Organismus und damit auch um den Sinn aller technischen Prozeduren. Alchimia zeigt uns ganz einfach die Stoffwechselprozesse und damit die biochemische Energetik eines Organismus.

Wenn Paracelsus nun die *Physica*, die vierte Säule der Medizin, auch als »virtus«, als Tugend und Tüchtigkeit, aufgefaßt wissen will, dann will gerade seine theoretische Einsicht in das Licht der Natur auch das Taugen vermitteln, dann huldigt er dem gleichen »ethischen Intellektualismus«, den man seit alters gerade dem Sokrates zugesprochen hat. Es ist hier ja immer nur von jener »Wahrheit« die Rede, von der Nietzsche – in einem Aphorismus mit dem schönen Titel *Paracelsi mirabilia* – gemeint hat, daß man dazu »nicht nur ein mutiges Herz wie ein Löwe« haben müsse, sondern auch »die unschuldige Geduld eines Lammes«.

Die Medizin von heute ruht sicherlich nicht mehr auf diesen Säulen; das Haus der Heilkunde ist nicht mehr eingelagert in die Fakultäten – Hierarchie der alten Universität mit ihren drei konstituierenden Faktoren: 1. dem Verhältnis von »magister et discipulus«, das der »universitas« den Namen gab; 2. dem Gleichgewicht von »theorica et practica« und 3. der Medizin als einer »facultas« im »studium generale«. Für Paracelsus aber war die Medizin nicht nur eine der vornehmsten Fakultäten; sie war vielmehr der Eckstein der Universität und sollte für alle Fakultäten den Eckpfeiler bilden: auch für Juristen, Philosophen, Theologen! Wie wolle einer auch Arzt sein ohne das Salz der Grammatik, wie einer überreden ohne Rhetorik, wie überzeugen ohne Dialektik; wie vor allem wolle er eingreifen ohne das Instrumentarium aller realen Wissenschaften! »Drum hat man die Medizin [so schon Isidor von Sevilla] eine zweite Philosophie zu nennen; verpflichtet doch auch sie sich den ganzen Menschen«!

Eben diesen ganzen Menschen wollte sich Paracelsus verpflichten, indem er aus der Medizin als einer zweiten Philosophie die letzten Konsequenzen zog. Die nicht aus dem Grund und Wesen der wahren Arznei gewachsen sind, gleichen – so Paracelsus – den törichten Jungfrauen, die das Öl ihrer Lampen verschütten. »Ebenso seid ihr doctores – all eure Büchsen sind ausgeschüttete Lampen.« Will der Arzt von neuem seine Lampe anzünden, dann nur im Lichte jener Natur, die aller Ärzte Meister ist und allein den Meister macht. So erst wird der Arzt der natürliche Fachmann für die Welt. Das Innere wie das Äußere muß er haben, beides und ganz. »Ganz sein macht den Medikus.« Und aus alledem des Paracelsus lapidarer Schluß: »Die Medizin ist das Ganze und das Letzte aller der Dinge.« Sie allein ist es, die allen anderen Fakultäten den Eckstein zu legen hat.

Mit diesem neuen System der Heilkunst war eine eindeutige Absage ebenso an das Bildungswesen der »Artes liberales« verbunden wie auch an die klassische Elementenlehre und Säftetheorie. Der Versuch indes, mit Hilfe dieser großangelegten Heilkunst, als der »Elementarwissenschaft eines jeden gebildeten Menschen« (Novalis), nun auch der Medizin im »Studium generale« einen neuen theoretischen Standort zu sichern, muß als gescheitert angesehen werden. Die Medizin konnte nicht zum »Eckstein der Universität« werden!

Es durfte gerade daher angeraten sein, an dieser entscheidenden Stelle seines Lebensganges und Bildungsweges in einem ausführlichen Exkurs auf das einzugehen, was Paracelsus »die Säulen der Medizin« genannt hat, vier Säulen, auf denen gebaut ist das Haus der Heilkunde!

Der ander Theil

Der grossen Wundtartz-

ney deß weitberhümpten / bewerten / vnnd
erfahrnen / Theophrasti Paracelsi von Hohenheim /
der Leib vnd Wundartzney Doctorn / Von der offnen
Schäden vrsprung vnd heylung. Auß rechtem grundt vnd
bewerten stücken treüwlich an
Tag geben.

**Mit Röm. Keis. Maiestet Freyheit nicht
nachzudrucken.**

Abb. 9 (1/1)

Paracelsus: *Der dritte Theil der grossen Wundtartzney* . . .
Titelblatt der Erstausgabe von 1562 bei W. Hau und G. Rab.

5

Das Haus der Heilkunde

Mit den theoretischen Voraussetzungen seiner Heilkunst sind wir nun schon eher auf die Bahn gesetzt, auch den Wegen der Heilung selber einmal nachzugehen. Hierzu aber müssen wir einfach jenes »Haus der Heilkunde« als ganzes betreten, das Paracelsus auf die einzig sicheren Säulen aufzubauen versucht hatte. Nach dem Muster der griechisch-arabischen Medizin gründet auch Paracelsus seine Krankheitslehre und die ärztliche Praxis zunächst auf die Theorie als die »Wissentheit der Kunst«, auf jene »Erfahrenheit mit langer Zeit«, die auch als »geübte Praktik« umschrieben wird. Der Arzt muß dabei durch »der Natur Examen« gehen, um im »Licht der Natur«, als der »Mutter der Experienz«, zum ausgeglichenen Gleichgewicht von »Theorica et Practica« zu finden. Denn im Practicus wirkt bereits der Theoricus, im Wissen um Grund, Weg und Ziel der Heilkunst.

Auf diesen methodischen Grundlagen baut sich das Haus der Heilkunde auf, das sich auf vier Säulen stützt: die Philosophie, die Astronomie, eine Alchimie und die Physica. »Das macht die theorica, die in vier Säulen stehet: Philosophia, Astronomia, Alchimia und Physica.«

Medizin als Philosophia

Die erste grundlegende Säule der Medizin ist für Paracelsus die Philosophie. Der Weg des Arztes geht über die äußere Welt, durch das »examen naturae«. Aus dem Wissen um die Natur erst erfahren wir wirklich etwas über unser inneres Wesen. »Es ist ein grob Ding an einem Arzt, der sich einen

Säulen der Medizin

NATUR-KUNDE	PHILOSOPHIA	PHYSIOLOGIE
ZEIT-KUNDE	ASTRONOMIA	PATHOLOGIE
STOFF-PROZESSE	ALCHIMIA	THERAPEUTIK
HEIL-KUNST	PHYSICA	ÄRZTLICHE ETHIK

THEORICA MEDICA

Arzt nennet und ist der Philosophie leer und kann ihr nit.« Zu wissen, wie die Natur sei und was sie macht, das allein ist nach Paracelsus philosophisch gedacht und ärztlich gehandelt. Es kann keinen anderen Weg geben, »zu ergründen die Wahrheit, des Leibes Anliegen und gesundes Wesen«.

Philosophie meint hier das Umfassende der sichtbaren *und* der unsichtbaren Natur, die der Arzt zu untersuchen hat (VIII, 71). Daher geht sein Weg durch die äußere Welt und über das Wissen der Natur, wobei die äußere Erscheinung hinweist auf das innere Wesen, das es zu entdecken, zu entschichten, augenscheinlich zu machen gilt bis auf den Grund der Wirklichkeit. Der Arzt ist auf die Natur angewiesen; er muß zugeben, daß unsre Augen nicht durch die Haut gehen; er wird daher immer nur gewaltig den Elementen nachgründen. Das allein gibt die rechte Erfahrenheit philosophischer Art, daß man alle Dinge erkenne in ihrer Unsichtigkeit, um vertraut zu werden mit ihrer innersten Wesenheit und Wirkkraft.

Es ist daher immer und überall die Natur, »in der wir handeln sollen« (IX, 358), und zwar die ganz reale und konkrete Naturwirklichkeit da draußen in der Welt. »Aus dem Äußern setz' zusammen den ganzen Menschen, dann findest du im selbigen aller Materie augenscheinliche Corpora und findest in denselbigen alle Species der Glieder, der Gesundheit und der Krankheit, dabei auch all ihrer Essentias, wie eins gegen das andere stehe, was brech', was ganz mach'.« (VIII, 73 f.)

Von der Natur haben wir den methodischen Ausgang zu nehmen; an einem ganz besonderen Leitfaden muß »die Philosophie der Arznei geführt« werden, jenem Leitfaden nämlich, den Nietzsche später den »Leitfaden des Leibes« genannt hat, ein Führungsprinzip leibhaftiger Wirklichkeit, das so mächtig wird, »daß auch die Augen den Verstand begreifen und daß sie in den Ohren töne wie der Fall des Rheins, und daß das Getön der Philosophei also hell in den Ohren liege wie die sausenden Winde aus dem Meer, und die Zunge dermaßen ein Wissen trage wie des Honigs und der

Gall', und die Nase schmeck' einen jeglichen Geruch des ganzen Subjects« (VIII, 70). In dieser seiner wachsenden Welterkenntnis allein kann der Arzt eingreifen, kundig seine Hand anlegen, behandeln, wobei die Praxis wiederum nur das Instrument bildet einer immer intensiveren Erfahrung von Welt und Mensch.

Am Leitfaden des Leibes wollen daher alle philosophischen Fragen behandelt werden. Mitten in der Natur steht dieser Mensch; »denn wir kommen nicht von oben herab, sondern von der Erden« (IX, 332). Wir stehen aber auch nicht isoliert in dieser Naturordnung, sondern sind einem weiteren Kosmos anvertraut, den Paracelsus mit seinem Begriff des »astrum« umschrieben hat, was sowohl die Naturordnung meint als auch die Ordnungsbereiche der Zeit und damit der Geschichte, wofür nun immer wieder neue Schlüsselbegriffe herangezogen werden wie »der Himmel« oder »das Gestirn« oder »das Siderische« oder »Astralische«, Grundbegriffe, die ein neues philosophisches Prinzip für die Medizin erfordern, nämlich die »Astronomia«.

Medizin als Astronomia

Während unter dem Leitbild der Philosophie die große Welt als ein Modell für die kleine aufgezeigt wurde, versucht das Schlüsselwort Astronomie diese Naturordnung nun ihrer historischen Struktur nach zu deuten. Das Gestirn erst bildet den Menschen in seiner konkreten Leiblichkeit aus, um aus dem animalischen Substrat eine humane Existenz zu machen. Mit der Zeitstruktur wird nicht zuletzt auch der gesetzte Termin verstanden und die fundamentale Zerbrechung in den Dingen erklärt, die mögliche Umkehrung und Veränderung aller Naturkräfte.

In die Strukturen werden mit dem zweiten Schlüsselbegriff die Prozesse gedacht: Zum Aufbau der Welt tritt der Ablauf der Zeit. Das Geschichtete und das Geschichtliche, sie beide kommen im Menschen zur Einheit. »Eine jegliche Stunde gibt eine neue Art, damit nichts gleich bleibt.« (VI, 370) Das in der Tat ist ein Novum, das die alte kosmologische Elementenlehre in Frage stellt, um nunmehr am Leitfaden des Leibes das anthropologische Prinzip in alles Weltverständnis einzufügen, von Fall zu Fall und je gesondert. Denn im Prozeß dieser wachsenden Zeit (in der ontischen Kategorie des Möglichen) erst gewahren wir die Wirklichkeit, »ohn Unterlaß bis zum End der Welt« (II, 317). Mensch und Himmel gehören zusammen als ein Ding, so »wie die Röte im Wein ein Ding ist oder die Weiße im Schnee« (IX, 600). Was die Natur noch nicht gegeben hat, das gibt nun die Zeit, die Kunst der Zeitigung, jene »maturatio«, die uns »die Stund' lehrt«, jene »wachsende Zeit«, die alle Dinge treibt zur »ultima materia«.

Mit großem Bedacht hat Paracelsus daher in seinem *Labyrinthus* das »Buch des Firmaments« als die zweite Säule der Medizin genannt. »Und der dies Buch nicht erfährt, der kann kein Arzt sein, noch geheißen werden«. Aus der »firmamentischen Sentenz« erst erfahren wir Anfang und Ausgang der Krankheiten; denn nur über die Kunde von der Zeit kommen wir in die »hohe Schul' der Arznei«. Über das Firmament erfährt der Arzt das Wesen jener Elemente der Natur, die – wie der Mensch – ihre Gesundheit und ihre Krankheit haben. »Denn die Elemente und der Mensch sind näher und gefreundeter denn Mann und Weib.« Dieses besondere Verhältnis macht die Konkordanz der Union gleicherweise wie auch die Diskordanz.

Gerade als ein Arzt, der aus dem Licht der Natur handelt, muß der Astronomus »nicht allein den leiblichen Lauf der Natur, sondern auch den Lauf des Himmels erkennen« (IX, 577). Die Gesetzlichkeit der Natur wird kompensiert durch eine Gesetzlichkeit der Zeit, die dem Arzte »des Himmels Inwurf« zeigt. Ohne diese zweite Kategorie nämlich würde er gezwungen, bei all seiner Naturkunde doch nur »verworren in seiner Praktik umzugehen« (VII, 189).

Die anthropologische Zeitstruktur will immer wieder neu

verstanden sein, weil jede Zeitphase ein anderes »Glück zu heilen« anbietet: »So du solches nicht weißt, was meinest du, das du für ein Arzt seiest? nichts als ein Rumpler.« (VIII, 174) Der rein empirische theorielose »modus medicandi et practicandi«, das wäre nichts als ein ungewisser »Fischergrund«, ein reines »Lappenwerk«, ein »irriger, falscher, beschissener Bau« (VIII, 174). Mit diesem Wissen um Zeit und Zeitigung erst wird uns »der äußere Himmel ein Wegweiser des innern Himmels«. Philosophie und Astronomie finden einen durchlaufenden inneren Zusammenhang im Menschen selbst, in einer medizinischen Anthropologie.

Medizin als Alchimia

Ein Arzt braucht zum ersten die Philosophia als die Kunde von der Natur der irdischen Dinge. »Noch aber ist kein Arzt da.« Er braucht des weiteren die Astronomia als die Kunde von den zeitlichen Abläufen im Makro- wie im Mikrokosmos. »Noch ist aber kein Arzt da.« Zu seiner vollen Heilkunst braucht der Arzt noch eine dritte Säule: die Alchimia als die Kunde von der Bereitung der Stoffe, durch die er sein Wissen vollendet. Alchimia setzt sich demnach auf den »Weg der Heilung«, indem sie eben das in Gang bringt, was ohne das »Amt Vulcani« niemals geschehen würde: Das gewaltige Feld der »res naturales« wird jetzt zugerichtet und spezifisch verfügbar gemacht.

Damit ist die Bedeutung der Alchimia klar umrissen: Die Welt der Naturstoffe ist nicht bis zum Ende bereitet; sie bleibt vielmehr in den Schlacken verborgen. Die Kunst wird fortan das Unnütze vom Nützlichen scheiden, um die Welt in ihre »ultima materia« und damit in ihr eigentliches Wesen zu bringen. Dies gelingt mittels einer technischen Methode, die bei Paracelsus genannt wird das »Amt Vulcani«. »Die Natur gibt nichts an den Tag, das an seiner Stelle schon vollendet wäre, sondern der Mensch muß es vollenden.« (VIII, 181) Wir sollen »die Welt bereiten«.

Im *Labyrinthus* beschreibt Paracelsus eindrucksvoll die Prozesse dieser Bereitung am Beispiel des Brotes, das als »prima materia« geerntet und als »media materia« gebacken wird, um dann zur »alchimia microcosmi« zu kommen! Das Brot wird im Mund gekaut; damit beginnt das »opus«, das im Magen die »materia media« weiterverarbeitet, um die Stoffe zu Blut und Fleisch zu verwandeln und sie somit nach und nach zu bringen in die »ultima materia«.

Das ist ein elementares Bild, das Paracelsus immer weiter ausbaut, um es gleichzeitig durch alle Prozesse des Organismus zu verfolgen. Das »opus« springt aus dem kosmischen und physiologischen Bereich über in die pathologischen und therapeutischen Vorgänge und wirkt im Inneren unseres Leibes als der »archaeus«, den Paracelsus auch den Alchimist im Magen nennt.

Damit haben wir die beiden Grundbegriffe vom Opus und Archaeus, die von der »prima materia« aus »ad ultimam« wirken. Die Welt der Naturstoffe wird zu einer Welt der Kunststoffe; aus der primitiven Natur wird die reiche Kultur. Die Kunst, die dieses alles vollbringt, heißt Alchimia, und Vulcanus ist der Künstler in ihr. Und wie alle Dinge vom Nichts bis zum Ende geschaffen sind, so ist doch nichts da, das auf das Ende völlig fertig sei; »das ist: bis auf das Ende, aber nit bis ganz auf das Ende, sondern der Vulcanus muß es vollenden«. Genau die gleiche Situation findet nun auch der Arzt in seiner Heilkunst wieder; die Arznei ist geschaffen von Gott, »aber nichts ist bis zum Ende bereitet, sondern in den Schlacken verborgen. Jetzt ist dem Vulcano befohlen, die Schlacke von der Arznei zu tun«. Und wieder die elementare Feststellung: »Das ist Alchimia und das Amt Vulcani.«

Damit haben wir die Einheit des ärztlichen Denkens, Wissens und Handelns: »Philosophie, Astronomie und Medizin – das sind nicht drei Künste, sondern eine. *Einen* Mann geben sie, nicht drei! Drum, der in einem stehet allein, der ist leer und närrisch.« Mit dieser dritten Säule der Medizin haben wir nichts Geringeres vor uns als eine kom-

ietzund
sehent, was alchimia für ein kunst sei. gleich die kunst ists, die da unnüz vom nüzen tut und bringts in sein lezte materiam und wesen. warumb ich das buch anzeig, ist die ursach, das die dintenbücher kein kunst in inen haben, sonder sudlens und kudlens durcheinander und machen dan schwaderlappen, das die seu lieber dreck fressen dan ir gekocht. und darumb das solche schwaderlappen, so die seu nicht mögen, nichts sollen und sollen gebraucht werden, darumb ist alchimia von got gesezt als ein rechte kunst der natur, und die sudlerei, wie die Mompelierischen apoteker hantlen, ist kein kunst, sonder sudelwerk mit iren sudelküchlin. also werden die syrup gekocht, also die laxativa, also die composita. nun schau wie ein hüpsche kunst in den dintenbüchern steckt und in den erdichten arzten, solch bladerwerk ist ir kunst. die syrup sollen nit also gekocht werden wie die Montpelierischen kochen, noch die laxativa, sonder wie die scientia alchimiae medicinae lernet. also hats got verordnet. es muß ein arzt betrachten, dieweil got nichts bis an das end beschaffen hat, das weiter den vulcanis befolen ist, dieselbigen ding bis zum end zu bringen und nit schlacken und eisen mit einander schmiden. dan merket ein exempel: brot ist uns beschaffen und geben von got, aber nit wie es von becker kompt, sonder die drei vulcani, der baur, der mülner und der beck die machen brot daraus. also muß es auch mit der erznei beschehen, darzu auch mit dem innern vulcano dergleichen. darumb sol sich der arzt der alchimia nit beschemen, nit anderst in der alchimei suchen, dan wie ich gesagt hab. wo solchs nit geschicht, so ist er kein doctor, so ist er ein gedocterter bachant, gleich ein doctor wie ein bilt im spiegel ein mensch ist.

Auszug aus Paracelsus' Schrift *Labyrinthus medicorum errantium*
(Ed. Sudhoff, Bd. XI, 189–190).

plette Philosophie des Binnenbereiches menschlicher Existenz, eines Mesokosmos der großen intermediären Gleichgewichte und Verschiebungen und Prozesse. Alchimia erst befreit die Wesenheiten der Dinge und gelangt so an ihr Herz, an ihr wirksames Prinzip. Solche Essentien der Dinge aber können nur gewonnen werden durch »corruptio« und »separatio«, durch die »Kunst Vulcani«, auf eine analytisch-alchymische Weise.

Aktiv muß der Mensch diesem Regimen nachgehen, das nirgendwo auf den Bereich individueller Leiblichkeit beschränkt bleibt, vielmehr universelle Ausmaße annimmt. Ist doch unser Amt die »praeparatio mundi«, in welcher alle Welt aus ihrer »prima materia« nach und nach »ad ultimam« kommt. Etwas wie ein Magnet ist in uns, wie ein Schmied oder ein Koch, »der alle Dinge bereitet an ihrer Statt, wie sie sein sollen«. Der Mensch ist innerhalb dieser universellen Kultivierung das letzte Geschöpf: Mit ihm erst wird die Schöpfung zu Ende sein.

Medizin als Physica

Mit diesen drei Säulen sind die Grundlagen des ärztlichen Denkens, Wissens und Handelns gelegt, die aber nicht zu einer inneren Verbindlichkeit kommen, ehe nicht auch die Prinzipien gerade des ärztlichen Handelns noch einmal theoretisch begründet werden. Für diese Heilkunst im engeren Sinne wählt Paracelsus den Begriff »physica«, oft auch als »virtus« bezeichnet.

Physica hat nichts mit einer Physik im modernen Sinne zu tun und meint wohl auch kaum die »physica« der scholastischen Naturkunde und Heilkunst. Physica umschreibt vielmehr eine »Philosophie der Erden«, die den Mikrokosmos zu erkennen lehrt: Denn der Mensch als ein Mikrokosmos ist »aus der Erden« und damit Gewalten unterworfen, die er nicht so leicht zwingen kann. Der Mensch ist eben *der* »patient«; er ist der, »der da leidet« und »der muß es gedulden« (I, 26).

Spittal Bůch / durch den hoch-
gelehrten Herren / Theophrastum von Hohenheim / beyder Artzney Doctorem geordnet. Vnd jetzt / Gott zů lob vnd allen Menschen nutz / rechtschaffen. Durch den / rechter or-
denlicher kunst / liebenden Herren / Adamen von Bodenstein / Philosophen vnnd der Artzney Doctorn in truck geben.

Freundtlicher lieber Leser / wende das blat herumb / so erfarestu was dieses Büchlins inhalt ist / wirdt dich gewißlich solchen grossen Schatz / mit kleinem geldt zůkauffen / nicht gerewen.

Paracelsus: *Spittal Buch.*
Titelblatt der Erstausgabe von 1565.

Die letzten Bücher im *Labyrinthus medicorum errantium* befassen sich ausführlich mit der ärztlichen Erfahrung (experientia) und ihrem Verhältnis zur medizinischen Theorie (scientia) und wie beide wohl zu einer Operationalisierung in der ärztlichen Praxis kommen. Die Tüchtigkeit eines Arztes ist darin zu sehen, daß er mit der ihm vorgegebenen Leiblichkeit mehr erfaßt als nur jene Körperlichkeit, die der Anatom zu sehen bekommt, daß er im Menschen mehr begreift als eine Verbindung von Leib und Seele. Er hat vielmehr den Realzusammenhang aller Phänomene am Menschen zu begreifen und damit »die ganze Religion aller Kreaturen« (XII, 240). Mit einer solchen Ordnung erst wird er die Philosophie übersetzen können in die Praktik und damit in jene Bereiche des Denkens und Handelns, die in sich unlöslich scheinen.

Was Goethe später als das gegenständliche Denken bezeichnen sollte, das hatte Paracelsus auf die Formel vom »augenscheinlichen Verstand« gebracht, der allein den Arzt in der Theorie unterrichtet und der für seine Praxis die Hand führt. Denn hinter diesem Arzt steht die Natur; sie ist der Komponist und nicht der Arzt (VIII, 85). Diese Natur hat ihre Arcana gewaltig gesetzt und das zusammen komponiert, was da zusammen gehört.

Der Mensch kann von Natur aus nicht »sein eigener Hirt« sein; er bedarf eines Helfers, ist angewiesen auf einen anderen. Der Kranke braucht daher in seiner elementaren Not fundamentale Hilfe; diese leistet ihm mit seinem helfenden Eingriff eben der Arzt, mit der Kunst der »Physica«, in der Haltung der »Virtus«.

Nun hat es aber nach Paracelsus zu allen Zeiten schon zweierlei Sorten von Ärzten gegeben, »solche, die aus Liebe handeln, und solche, die ihren Eigennutz betreiben«. Die ersteren nennt Paracelsus »Lammärzte«, und dies im Hinblick auf Johannes den Täufer, der wiederum auf Christus hinwies, das »wahre Lamm«, auf den »Christus Medicus«. »Denn wie ein Lamm und Schaf soll der Arzt sein, der da von Gott ist: Wie ein Wolf aber ist der, der wider Gott seine

Heilkunst gebraucht.« Das sind jene »Wolfsärzte«, die sich verhalten wie reißende Wölfe: »Sie schneiden aus Lust, rein zur Vermehrung ihres eigenen Nutzens, und verachten das Liebesgebot.« Sie arzneien, obwohl sie genau wissen, daß sie nichts können. »Und wie ein Schaf in des Wolfs Rachen, also sind diese Kranken in des Arztes Hand.«

Paracelsus gibt aus dieser Erfahrung heraus seinen Patienten den nicht alltäglichen Rat, sie möchten doch lieber vor dem Eingriff ihre Ärzte erst einmal auf die Probe stellen. Es ist jenes Vertrauen damit gemeint, das so lebenswichtig ist, daß es auch geprüft sein will. »So wisset hierauf, daß ein Kranker Tag und Nacht seinem Arzte soll eingebildet sein und ihn täglich vor Augen tragen, und all seinen Sinn und seine Gedanken soll er in des Kranken Gesundheit stellen mit wohlbedachter Handlung.«

Paracelsus geht so weit, daß er fordert: Ein Arzt soll seinem Patienten nachbarlich zugetan sein, ja ehelich verbunden sein. Er soll bedenken, daß er berufen ist, die Not zu wenden. Daher liegt auch an einem Arzte mehr als an allen übrigen Fakultäten. Wo auch gäbe es noch etwas Wichtigeres auf Erden, als daß man seinem Nächsten Liebe erweist, indem man seine Schmerzen und sein Leiden lindert durch die »Kraft der Arznei«? Und weiter: »Das größte Perlein und der edelste Schatz ist die Heilung, so in der ganzen Heilkunst vermittelt wird, und es ist nichts auf Erden, das größer sei, als die Kranken zu heilen.«

Mit diesen vier Säulen, die in ihrem therapeutischen Prinzip erst die Einheit des ärztlichen Denkens, Wissens und Handelns bilden, verstehen wir nun auch die Beschlußrede des Paracelsus zu seinem »Labyrinthus medicorum errantium«, wo es heißt: »Das mag aber männiglich wohl wissen, daß es übel gehandelt ist, daß einer sollt' lehren ein Ding, das Leib und Leben berührt, und dasselbig nicht aus der rechten Lehr', sondern aus einem Irrgang, der nicht also ist, als sie fürgeben – und aber die curam darauf setzen, bauen, und aus derselbigen erdichteten Phantasie praktizieren. Und ist der Anfang irrig, wieviel mehr das Mittel, wieviel mehr das Ende!« Sie sind einfach nicht zu trennen, die Prinzipien des theoretischen Denkens und des praktischen Handelns. Daher der Schluß: »Wohl dem, der dem Labyrinth nit nachgehet, sondern der Ordnung des Lichts der Natur: die ist Arznei und der Arzt.« (XI, 219)

6

Die dritte sokratische Kehre

Mit den vier Säulen der Heilkunst hatte Paracelsus in den Jahren vor und nach Basel das Fundament seiner Philosophie der Medizin legen können, und doch konnte die Medizinische Fakultät, der er in Basel zu dienen geglaubt hatte, nicht zum Eckstein der Universität werden. Das Scheitern seiner kurzen Universitätslaufbahn sollte für Paracelsus verhängnisvolle Folgen haben; er hat dieses sein akademisches Erlebnis im Grund nie verkraftet.

Die nächsten Jahre – nach 1530 – finden wir ihn wieder auf der Landstraße, von Regensburg über Nördlingen nach St. Gallen, wo er sich für längere Zeit niederläßt. Das ist die Epoche, wo der Arzt Paracelsus »in andere Händel gefallen« (X, 20), um sich mehr und mehr in theologische Probleme zu vertiefen. Die Zweifel an seiner Berufung wachsen. Nach Diskussionen mit Theologen schreibt er die *Auslegung der Psalmen* und andere theologische und sozialkritische Schriften nieder, die von dem Motto getragen sind: »Selig und mehr denn selig ist der, dem Gott gibt die Gnade der Armut.« Und in der Vorrede zum Pestbüchlein (1534) heißt es dann wieder: »Wiewohl mich das gegenwärtige Jahr in ein ungeduldiges Elend getrieben; denn Gunst, Gewalt und die Hundsketten waren mir zu schwer überladen, aus welchem Zwang heraus ich fremde Land' behend zu besuchen gezwungen war.« (IX, 561) Die fremden Lande, sie lagen nun am Bodensee, im Appenzellerland, im Tirolischen, zwischen Innsbruck und Sterzing. Und weiter im Pestbüchlein: »Aber du Leser, meines Elends halber hab' keine Acht, laß mich mein Übel selber tragen . . . Wie geschah aber mir? Wie einem, der sich unter die Kleinen mischt, und den die Säue fressen! Zwei Gebresten hatt' ich an mir an demselben

Ort: meine Armut und meine Frömmigkeit. . . Also ward ich in Verachtung abgefertigt.« (IX, 562).

Über diese Periode der Frömmigkeit, der Armut, der Verachtung ist viel gerätselt worden. Es fehlen gesicherte Dokumente aus den Handschriften oder aus Archivalien; wir haben uns mit den wenigen autobiographischen Andeutungen zu begnügen. Wir wissen, daß Paracelsus seit dem Juni 1531 in St. Gallen weilte, wo er – im ganzen 27 Wochen – beim Altbürgermeister Christian Studer bis zu dessen Tod am 10. Dezember 1531, gewohnt hatte. Vielleicht ist er nach Studers Tod zu dessen Schwager Bartholomäus Schobinger übergesiedelt; vermutlich hat er St. Gallen erst im Frühling 1532 verlassen. Sein um diese Zeit entstandenes *Opus Paramirum* ist dem Arzt Joachim von Watt, Bürgermeister zu Sankt Gallen, gewidmet.

Wir wissen weiterhin von einem kurzen Aufenthalt auf Burg Hohentwiel bei Singen, damals ein geachteter Stützpunkt des Herzogs Ulrich. Um die gleiche Zeit soll das berühmte Treffen des Theophrastus mit Sebastian Franck stattgefunden haben – wenn, dann an einem unbekannten Ort in Südschwaben. Das Treffen der beiden sich verzehrenden Gott-Sucher ist immer wieder höchst dramatisch beschrieben worden, ob schon auch hier gesicherte Quellen fehlen. Sebastian Franck allerdings weiß in seiner *Chronica* (1565) zu vermerken: »D. Theophrastus von Hohenheim, ein Phisicus und Astronomus, Anno 1529 ist gemelter Doctor gen Nürnberg kummen, ein seltzam wunderbarlich Mann, der fast alle Doctores und Scribentes in Medicinis verlacht.«

Eine gesicherte Spur finden wir erst im Sommer 1532 wieder: Paracelsus wandert über Zug und Schwyz in das Reußtal dem Vorderrhein entlang nach Chur und gelangt von hier aus über einen der Bündnerpässe, vermutlich den Albula (bei Paracelsus: Elbli) ins Engadin und nach St. Moritz. Den Winter 1532/33 verbrachte er in Graubünden, um sich im Frühjahr wieder auf die Wanderschaft zu begeben: durch das Veltlin und über den Tonalepaß nach Bozen.

Von dort pilgert er zurück ins Inntal und hält sich im Winter 1533/34 in Tirol auf. Dies ist eine der dunkelsten Perioden dieser unruhigen Jahre. Es ist die Zeit, von der Paracelsus in seiner Sterzinger Pestschrift sagt, daß sie schwer überladen gewesen sei von der »Gunst Gewalt« und von »Hundsketten«, daß dieses »gegenwärtige Jahr« ihn schließlich gezwungen habe, »fremde Lande behend aufzusuchen«.

Im Spätfrühling 1534 kommt der Flüchtling in Innsbruck an, pilgert im Sommer über Sterzing nach Meran, im Herbst wiederum ins Oberinntal und gelangt über den Fernpaß ins Lechtal und nach Augsburg. Im Winter 1534/35 bleibt Paracelsus in Augsburg, um bei Heinrich Steiner seine Schriften, u. a. die *Practica Teutsch*, in den Druck zu bringen und die *Große Wundarznei* vorzubereiten. Im Sommer 1535 trifft Paracelsus, vom Allgäu kommend, in Bad Pfäfers ein; das *Büchlein von dem Bade Pfäfers* gibt Kunde von diesem Aufenthalt. Im nächsten Winter weilt er in Ulm, um im Frühjahr und Herbst des Jahres 1536 abermals in Augsburg zu bleiben. Die *Große Wundarznei* ist jetzt bei Steiner in den Druck gegangen.

Aber auch in der Unrast all dieser Jahre begegnet uns immer wieder das treue Bekenntnis zu seinen Kranken: »Unser Krieg ist lange gegangen gegeneinander. Sie trieben mich aus Litauen, danach aus Preußen, danach aus Polen, war nicht genug. Ich gefiel den Niederländern auch nicht, den Universitäten nicht, weder Juden noch Mönchen. Ich dank' aber Gott, den Kranken gefiel ich.« (VI, 180) Und auch wieder die Klage, die zornige Anklage: »Ist das fromm und gerecht und ein billiges Vorgehen, so sei die Stund' verflucht, darinnen ich geboren bin zu einem Menschen und nit zu einem Hund, der doch glücklicher daran ist!« (De ordine doni)

Es möcht' kein Hund so länger leben! Unwillkürlich drängen sich einem hier – bei solchem Irrgang im Labyrinthus, auf dem Wege zum Licht der Natur – die Verse auf aus Hölderlins *Chiron*, wo es heißt:

Sonst nämlich folgt ich Kräutern des Walds
und lauscht
Ein weiches Wild am Hügel; und
nie umsonst.
Nie täuschten, auch nicht einmal deine
Vögel, denn allzu bereit fast kamst du,
So Füllen oder Garten dir labend ward,
Ratschlagend, Herzens wegen;
wo bist du, Licht?

Damit, mit diesem klagenden, flehenden Rufe nach Licht, nach dem Licht der Natur, sind wir nun in diesem abenteuerlichen Lebensweg auf jene alles entscheidende Phase vorgestoßen, die ich – bewußt kühn – die dritte und letzte sokratische Kehre genannt habe. Einkehr, und damit des Lebens Sinn, ist allein im Lichte der Natur zu finden, in der großen lebenslangen Erfahrenheit, im »examen naturae«, um in der Welt da draußen nachzuforschen den natürlichen Dingen, »so der Augen Gesicht nicht begreift«: »Auf das Auftun der Augen geht weiter mein Vornehmen, weil im Licht der Natur so heiter gezeiget wird, unsichtbare Dinge sichtbar zu sehen« – offen-kundig! »Also kommt der Grund in unser Wissen und unsere Erkenntnis, weil alle Dinge einen Samen haben und im Samen alle Dinge beschlossen sind. Und die Natur ist der Fabrikator in die Figur, so gibt sie die Form, die das Wesen an sich selbst ist, und die Form zeiget das Wesen an« (XII, 177), das Wesentliche für unsere Kunst.

»Die Kunst aber hat keinen Feind als allein den, der sie vermeinet zu wissen«. Solchen Irrtümern, die Gemeingut werden, diesem Feind den Garaus zu machen – das ist sokratisch gedacht, das heißt paracelsisch gehandelt! Auch hier wieder: die sokratische Unwissenheit als Instrumentarium einer methodisch ungemein konsequenten Mäeutik, um aus dem Irrgarten herauszufinden, jenem »Labyrinthus«, von dem Hölderlin noch – so in seinen späten Hymnen – erfahren mußte: »Aber furchtbar ungastlich windet sich durch den Garten die Irre, die augenlose, da den Ausgang mit reinen Händen kaum erfindet ein Mensch.«

Das in erster Linie meint die berühmte Beschlußrede zum *Labyrinthus medicorum errantium*, wo es heißt: »Wohl dem, der dem Labyrinth nit nachgehet, sondern der Ordnung des Lichts der Natur: die ist Arzenei und der Arzt.« Wir müssen hinaus aus diesem »Labyrinthus medicorum errantium«, dem »Irrgarten der Ärzte«, um im Licht der Natur die Einheit von theoretischem Wissen und praktischem Handeln zu finden. Wer das nicht weiß, das nicht kann, wer das nicht erfahren hat, der benimmt sich – so ein alter arabischer Spruch – »wie ein Holzhacker bei Nacht«, wie – so Paracelsus – »die Säue im Rübenacker«.

Wer das nicht weiß, der redet wie ein Blinder von der Farbe; er wähnt lediglich; es träumt ihn das alles nur; er sehnt sich nach den »Goldenen Bergen«von Hispanien (XI, 186); er glotzt wie ein Kalb auf einen Bischof (IX, 143), wie eine Gans ins Morgenrot. Wer aber aus der Natur denkt und wer das einmal wirklich erlebt hat, »daß auf Erden dem Menschen für seine leibliche Seligkeit nichts Edleres sei, als die Natur zu erkennen und von ihr als vom rechten Grund zu philosophieren« (I, 244), der schaut aus sich selbst heraus; mit dem leibhaftigen Auge empfängt er das Licht, »und so bildet sich (ich erinnere an Goethes Farbenlehre) das Auge am Lichte fürs Licht«!

Licht und Auge, Auge und Licht, an dieser Stelle müssen wir kurz unterbrechen, etwas rekapitulieren und auch konzentrieren. Die Verwandtschaft von Auge und Licht bildet zwischen Poseidonios und Goethe ein faszinierendes Geistergespräch und ist auch von Paracelsus gleichrangig genial erfaßt worden. »Was ist an der Sonne, das nicht in den Augen sei? Wie die Sonne gibt Licht ihrem Element, also die Augen ihren Elementen.« (III, 473) Die Materie der Sonne hat ihr eigenes Substrat auch im Mikrokosmos. »Also macht das sein Auge im Mikrokosmos, was im Makrokosmos Sonne genannt wird.« (III, 472) In diesem Licht werden alle unsichtbaren Dinge sichtbar; »daß je ein Licht das andere überscheinet, lasset euch eingedenk sein!«. Und so finden wir in der Natur ein Licht, das uns auch das noch sichtbar macht, was Sonne und Mond nicht zu zeigen vermögen (IX, 254).

Wie in einem überdimensionalen Koordinatensystem wird das Universum sichtlich gefaßt. Und wie die Sonne Himmel und Erde samt ihrem elementischen Leibe erleuchtet, »also leuchten die Augen ihrem Leib«. Die Dinge der Natur kommen nicht nur zur Erscheinung, sondern auch zu ihrer Enthüllung. Der Kräuter Kräfte sind unsichtbar, und sie werden doch aufgespürt. Die Tiere bleiben stumm, und doch bringet der Mensch ihr Wesen ans Licht und in die Erfahrung.

Mit dieser seiner spezifischen Erfahrenheit eines Lichts der Natur ist Paracelsus ein für allemal herausgetreten aus der kosmischen Ordnung scholastischer Tradition. Nicht Stoffe und Strukturen sind die Weltelemente mehr, nicht mehr jenes Material, aus welchem nur wenig später das empirische Interesse des Naturforschers seine Erfahrungsreihen ableiten konnte.

Die Elemente selber, sie beginnen hier mit einem Male zu leben, zu leben im Fluidum von Äther und Erde, mit dem Feuer und den Wassern über dem Abgrund. Der Äther ergießet nun seinen himmlischen Trank: »Nicht von irdischer Kost gedeihen einzig die Wesen«, wie Hölderlin dies hymnisch vom »Vater Äther« gesungen hat: »Und es drängt sich und rinnt aus deiner ewigen Fülle/ Die beseelende Luft durch alle Röhren des Lebens.«/ Und in gleicher leibhaftiger Begeisterung auch vom Wasser, von der Erde, vom Feuer: »Göttliches Feuer auch treibet, bei Tag und bei Nacht, aufzubrechen.« Und dann abermals die entscheidende, die anthropologische Kehre: »So komm! daß wir das Offene schauen,/ Daß ein Eigenes wir suchen, so weit es auch ist.«/ So in Hölderlins Hymne von »Brot und Wein«, wo auch der geradezu Paracelsische Kernsatz steht: »Brot ist der Erde Frucht, doch ists vom Lichte gesegnet!«

Dies ist nun für Paracelsus endgültig der Weg geworden,

der aus dem Labyrinth herausführt. »Das ist der ganze Grund: zu wandeln in dem natürlichen Licht, das der Mensch aus sich selbst und aus eigener Vernunft nit geben kann. Etwas gibt der Mensch wohl, aber unvollkommen. Was vollkommen sein soll, das muß weiter gesucht werden, nämlich bei dem Brunnen, da alle Menschen daraus trinken.« (XI, 163) Nach diesem Quell nun haben wir zu fragen und weiter zu suchen!

Und lassen Sie mich auch hier ganz hinter die Sprache des Paracelsus zurücktreten, diesen so elementaren Sprachleib mit seiner verdichteten Sprachkraft, die man nicht nachlesen kann, die man einfach sprechen und hören muß. Die Philosophie soll derart gelehrt werden, so beginnt Paracelsus, und hier verschlägt es einem fast die Sprache vor der Fülle der Gesichte im »Kosmos Anthropos«, »daß in ihr der Mensch ganz erscheine und begegne, daß man in ihr finde alle Krankheiten und Zufälle, Gesundheit und Trübsal, alle Glieder und Gliedmaßen, alle Teile und der Glieder Teilung, so viel am Menschen und im Menschen ist oder sein mag und soviel man in der Natur sehen, wissen und erfahren kann, so viel vom ersten Menschen bis zum letzten einfallen mag oder eingefallen ist –, so ganz und vollkommen, daß auch die Augen, die Ohren, die Stimmen, der Atem in der Welt gefunden wird, auch die Beweglichkeit, die verdauenden Organe, die austreibenden, die anziehenden und alles, was im Leibe not wäre zur Hülfe, zur Gesundheit, zu allen Dingen . . . Und so alles auswändig an dir erfahren worden ist und du somit in diesen Dingen erfahren bist, alsdann geh' in den inneren Menschen.« (VIII, 144)

In diesem inneren Menschen aber, da ist nun die ganze Welt noch einmal, im Inneren ein Universum auch, ein kompletter Endokosmos und Mesokosmos. »Der nun also ein Philosophus ist, der soll alsdann in die Fakultät der Arznei treten und das Äußere in das Innere wenden. Das Umwenden gibt den Arzt, so aus der großen Welt die kleine wird, eine derartige innere Richtung, daß er auf keine Weise mehr an dem inneren Menschen lerne, denn da ist nichts als

Verführung und der Tod.« (VIII, 86) Wer diesen Weg nicht geht, der bleibt ein Experimentator, was besagen will, »ein Geratewohler und verzweifelter Hoffer« (VIII, 87). Nicht in einer Sparte allein soll der Arzt versiert sein, sondern erfahren im Ganzen. »Denn in einem steht kein Arzt; steht er aber in einem, so befindet er sich in aller Gefährlichkeit, und ist kein Arzt, sondern ein Verwalter des Glücks.« (VII, 409)

So steht es mit der Philosophia, »die da trägt den Bau der Arznei« (VIII, 154)! Als der fachkundige Interpret menschlicher Leiblichkeit, als der leibhaftige Wirt und Walter unserer Existenz, weiß der Arzt um Krankheit und Gesundheit, er »begreift den Puls im Firmamente, die Physiognomie in den Gestirnen, die Chiromantie in den Mineralien, den Atem in den Winden, die Fieber im Erdbeben«. So jäh und so ganz soll die Philosophie sein und darin eingeschlossen auch die Arznei, daß sie wisse, was dies alles seinem Wesen nach sei. »Und wenn ihr sprecht, ob ich mich unterstehen wolle, eine neue Philosophie zu machen? So sage ich ja – und billig ja!«

7

Dimensionen des gesunden und kranken Lebens

Von dieser nun schon sehr bewußt vorgetragenen Philosophie der Medizin wagen wir ein letztes Mal einen Exkurs, diesmal in die anthropologischen Dimensionen, wie sie Paracelsus ausgeführt hat mit seiner »Lehre von den fünf Entien«, fünf Seinsbereichen, die des Menschen Existenz leibhaftig begründen. An diesem seinem Leitfaden will Paracelsus die Ärzte nun ganz konkret aus dem Irrgarten herausführen an das Licht der Natur, heraus aus dem »Labyrinthus medicorum errantium«. Nur so versteht sich seine Krankheitslehre von den »fünf Entien«, fünf Seinsbereichen des kranken und auch gesunden Menschen, von denen das anatomische Zeitalter nur noch den mittleren Strang wahrnehmen wollte, das »Ens naturale«, die Konstitution des Organismus. Die Pathologie der letzten drei Jahrhunderte hat sich – wie wir alle wissen – immer stärker und ausschließlicher auf die Erkenntnisse der Naturwissenschaften gestützt, und sie hat mit der Fundierung einer Pathologie die sicherlich bewundernswerten Errungenschaften unserer Heiltechnik ermöglicht. Auf dieser Basis baute Vesal im 16. Jahrhundert seine Anatomie, William Harvey im 17. Jahrhundert die Physiologie, Morgagni die Pathologie, und um die Mitte des 19. Jahrhunderts konnte Rudolf Virchow darauf seine Einheitswissenschaft begründen, die er die Anthropologie im weitesten Sinne nannte und von der aus er nichts Geringeres erwartet hat als »die Konstituierung der Gesellschaft auf physiologischer Grundlage«.

Diesem einseitigen, axiomatisch reduzierten, einem solchen monokularen Denken gegenüber – das heute, in der Krise zwischen Ökonomie und Ökologie, auf der ganzen Linie wiederum erschüttert wird –, diesem System gegenüber entwirft nun Paracelsus eine großangelegte Kategorientafel des ärztlichen Denkens und Handelns und damit einen Leitfaden, der allein herauszuführen vermag aus dem Labyrinthus, darinnen der Minotaurus hockt, der »monoculus« mit seinem einäugigen Blick und seinem methodischen Terror.

In seinen *Sieben Defensiones oder Schirmreden* verteidigt Paracelsus mit großer Leidenschaft die Originalität seiner neuen Konzeption, die er nicht verwechselt haben will mit der Denk- und Sprechweise der antiquierten Scholastiker: »Man hat mir entgegengehalten, daß ich den Krankheiten neue Nomina gebe, die niemand erkenne noch verstehe, und warum ich nit bleibe bei den alten Nominibus?« Darauf die lapidare Antwort: »Wie kann ich die alten Nomina brauchen, zumal sie nicht gehen aus dem Grund, aus dem Krankheit entspringt!« (XI, 135) Der Grund aber, aus dem die Krankheit entspringt, das ist für Paracelsus kein einfacher, sondern ein fünffach gegliederter Grund, eine Seinsweise, ein »ens«, auf fünferlei Art.

Seine Lehre von den Entien ist geradezu durchstrahlt von einem Licht der Natur, das jedem dieser fünf Daseinsbereiche seinen spezifischen Akzent beläßt. In diesem Licht wächst die Natur rein aus sich selbst, und nirgendwo erscheint sie – wie dies in zahlreichen neuplatonischen Systemen der Zeitgenossen der Fall ist – emanativ sich entfaltend aus dem Ureinen. Ebensowenig aber wäre hier auch eine Natur voll übernatürlicher Kräfte zu denken: Sie ist »selbst das Magnale« (II, 25), sie ist als solche schon voll »wunderbarlicher Magnalia«, voll von den »Wunderwerken« Gottes.

Ens astrorum

Die erste Kategorie unserer existentiellen Verfassung in gesunden wie kranken Tagen nennt Paracelsus »Ens astrorum« oder »Ens astrale«. Mit dieser Konstellation ist

Die fünf Entien

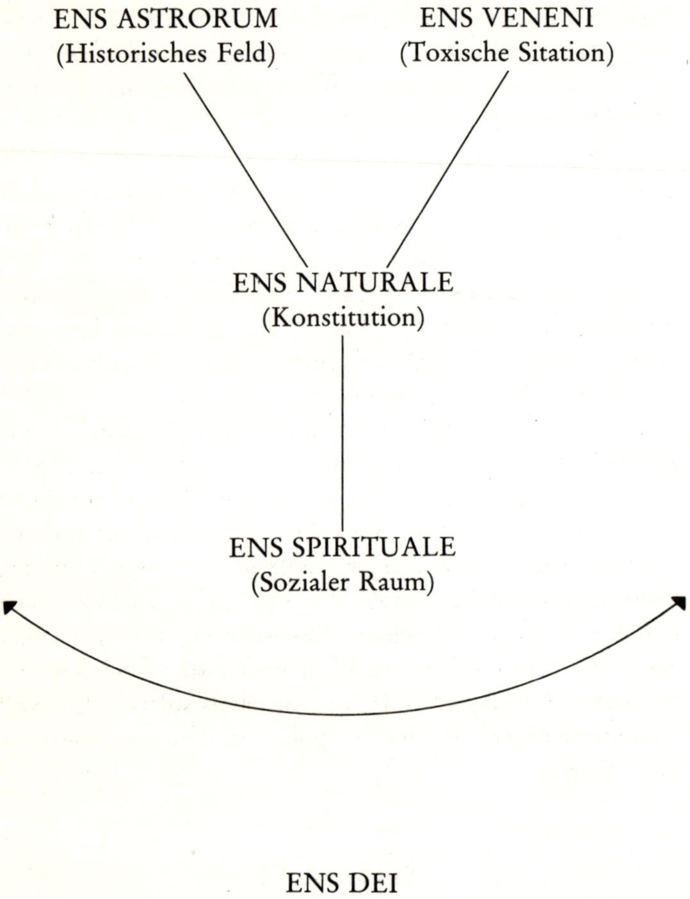

keineswegs das Wirken der Gestirne auf das irdische Leben gemeint, sondern eher das gleichermaßen historische wie kosmologische Gerüst, das den Menschen in seiner Umwelt und mit seiner Geschichte hält. Wir würden es heute unseren existentiellen Standort im ökologischen Verbundsystem eines Miteinander nennen; wir verstehen darunter des Menschen biographisches Schicksal und damit auch seine Pathographie. Wir haben nicht nur den »leiblichen Lauf der Natur« kennenzulernen, sondern auch den »Lauf des Himmels« in uns. Auf diesen »Eingang des Himmels in uns« sollen wir achten und uns bereithalten, daß dieser Himmel sich »in uns solle leiben«. Nur so erfahren wir die Gesetzlichkeit der Zeit, nur so »des Himmels Inwurf«. Der Mensch mitsamt seiner Geschichte ist nun einmal eingespannt in ein großes kosmisches Geschehen. Die Welt begegnet uns nicht nur als Umwelt oder Erbwelt; Welt steht hier im Horizont der Zeit, als ein offenes System möglicher Freiheit.

Zur Welt der Natur tritt somit eine ganze Welt an Zeit, an Werden und Vergehen, an Geschichte und Schicksal. Jeder von uns hat seinen eigenen Zeit-Raum und darin vieltausend Wege; jeder reift zu seiner Vollendung. Im Prozeß dieser wachsenden Zeit erst gewahren wir den vollen Reichtum der Wirklichkeit, »ohn' Unterlaß bis zum End' der Welt« (II, 317). Im Prozeß selber, da steht das »astrum«, das nur Sinn hat in einer leibhaftigen Existenz; denn »homo und coelum«, die beiden gehören zusammen als »ein Ding«, so »wie die Röte im Wein ein Ding ist oder die Weiße im Schnee«. (IX, 600) Wie nun der Himmel derart vielgestaltig in sich konstelliert ist, so ist auch der Mensch »für sich gewaltiglich«! Und wie das Firmament in sich selber steht, so wird auch der Mensch von keinem Geschöpf überwältigt, »sondern er ist allein ein gewaltig freies Firmament ohne alle Bindung« (I, 202).

Erfahrungen solchen Ausmaßes und Tiefganges bedeuten für die Krankheitslehre des Paracelsus, daß es eine geschichtslose Naturordnung gar nicht geben kann. Es ist die Zeit, die alle Dinge verändert und immer neu aufsteigen läßt wie ein Gewölk (VII, 188). Es sind die »astra«, die ein solches Zeitgefälle verstehen lassen. Die Zeit ist ihrem Wesen nach alles andere als der flüchtige Augenblick zwischen dem Noch-nicht und einem Nicht-mehr: sie ist ein ganzer Kosmos! Daher: »Ein jeglich Ding, das in der Zeit stehet, das stehet im Himmel.« (VIII, 173) In diesem welthaft geistigen Raum allein kommen wir zur »Erwartung der Zeit« (VIII, 245) in der Aufbereitung der Welt und damit zur eigenen Reifung.

Vor einem solchen welthaften Hintergrund erst gewahren wir die Einmaligkeit der schicksalhaften Ergebnisse und Abläufe eines Individuums. Und wenn auch Tag und Nacht zehntausende von Kindern geboren würden, sie hätten doch nimmermehr den gleichen Himmel (VIII, 100). Jeder hat seinen eigenen Zeitraum und darin »viel tausend Wege« (II, 316). Jeder Augenblick wird zur »Zeit einer neuen Blume« (II, 316). »Eine jegliche Stunde gibt eine neue Art, damit nichts gleich bleibt.« (VI, 370) Jeder Augenblick wird zur Zeit einer neuen Blüte, aber auch zum Moment des Verfallens und Welkens. Sie zeigt das Pathische unserer Existenz in seiner vollen Dramatik, sie weist hin auf den endgültigen Termin im Tode.

Das »Ens astrorum« kann somit gleichsam als der zeitliche Horizont unserer leiblichen Existenz gelten. Daher muß der Arzt ein »Astronomus« sein, ein Fachmann für die Zeitstruktur und des Menschen Geschichte. Der Arzt muß in allem »die Zeit bedenken, damit er die Zeit wisse, wie er sich wehre und herrschen wolle womit. Nicht daß genug sei, den heutigen Tag zu betrachten, sondern auch den morgigen Tag und alle zukünftigen hernach von Punkten der Stund bis in den Terminum, und in der Zeit sehen, was dem doch zu tun sei«.

Was in unserer befristeten Zeit in der Welt zu tun sei, das vermittelt uns die zweite Daseinsverfassung, die Paracelsus »Ens veneni« genannt hat, die Wesenheit der Gifte in der Welt. Gott hat zwar alle Dinge der Welt in bezug auf sie selber vollkommen gemacht, sie aber unvollkommen gelassen in bezug auf ihren gegenseitigen Nutzen. Je nach dem Bezugssystem kann alles »Gift« wie »Güte« bedeuten: »Allein die Dosis macht's, daß ein Gift kein Gift sei.« Um mit diesen Giften – im Nahrungsmittel, im Arzneimittel, in allen Lebensmitteln – fertig zu werden, braucht der Mensch einen Beschützer. Nun haben das die alten Ärzte schon immer gewußt – und die Scholastiker haben es weithin kanonisiert –, daß neben dem »Iuvamentum« immer auch das »Nocumentum« zu betrachten ist. Wo ein Nutzen wirksam wird, sollten auch die Noxen beachtet sein. »Allein die Dosis machts ...« Und damit stehen wir schon mitten in der atemberaubenden Dramatik dieses zweiten »Ens«, das man jahrhundertelang in die Geheimküchen der Arkanenkrämer verweisen konnte, während es heute das Gespräch des Tages und zum Problem unserer Zukunft geworden ist.

Zwar ist unser Leib in sich höchst vollkommen geschaffen, aber er braucht zu seiner Erhaltung die Nahrung, und darin ist schon Gift. So bedürfen denn unsere Leiber einfach einer »Führung«, eines »Regiments«, durch das sie erhalten und ernährt werden, durch das sie auch wieder bewahrt bleiben vor dem Gift. »Das wird unser Grund sein unseres anderen Ens, des veneni.« (I, 190) Um mit diesem toxischen Dunstkreis fertig zu werden (man hat ja bereits von einer »toxischen Gesamtsituation« gesprochen!), braucht der Mensch einen Umweltschutz, eine ökologische Polizei oder – wieder paracelsisch gesprochen – den »Alchimisten«, der das Gift vom Guten scheidet. Nicht nur die Medikamente mit ihren toxischen Substanzen hätten somit ihren ständigen Begleiter, die Nebenwirkungen, auch die Nahrungsmittel als solche sind bereits von solchen unerwünschten Begleiterscheinungen imprägniert, in einer immer unheilvoller werdenden toxischen Landschaft, die energisch umfassende Gegenmaßnahmen auf den Plan ruft.

Mit dem »ens veneni« begegnen wir somit der konkreten biologischen Situation des Menschen. Der Mensch erscheint hier in einem beständigen Assimilationsprozeß und damit auch in einer Symbiose mit seiner Umwelt, in stetiger Rezeption und ständiger Exkretion, in einem in sich geschlossenen biozönotischen Verbundsystem. Individuum und Sozialsphäre kommen in diesem lebenslangen Einverleibungsprozeß nach und nach zu einer natürlichen Integration.

Ens naturale

Die dritte Dimension der Daseinsverfassung bildet das »Ens naturale«, unsere natürliche Konstitution, der Grund unserer Natur. Der Mensch in seiner Leiblichkeit ist nicht zu verstehen ohne jene drei stofflichen Prinzipien, die Paracelsus »Sulphur, Mercurius, Sal« genannt hat: *Sulphur* als das Prinzip des Brennbaren, *Mercurius* als Phänomen des Flüssigen, *Sal* als erstarrender Restbestand. Zunächst und zuoberst haben wir zu wissen, daß der Mensch gesetzt ist in drei Substanzen. »Denn wiewohl der Mensch aus Nichts gemacht ist, so ist er doch in Etwas gemacht, das gestellt ist in dreierlei. Diese drei machen den ganzen Menschen und sind der Mensch selbst, und er ist sie.« (IX, 40).

In ihrer je spezifischen Zusammensetzung bilden Sulphur, Mercurius und Sal eine konkrete Ganzheit, ein »Corpus«. Nimmt man irgendeinen Körper in die Hand, so hat man die drei Substanzen unsichtbar und doch unter einer Gestalt bereits im Griff. Hat man die einzelnen Prozesse (Brennbarkeit; Verflüchtigungen und Verflüssigungen innerhalb des intermediären Stoffverkehrs; Niederschlag und Rückstand) an der Struktur erkannt, sieht man nicht mehr wie ein Bauer, sondern hat und nutzt die Augen, womit der Arzt nun sehen soll (IX, 45).

Die drei Prinzipien

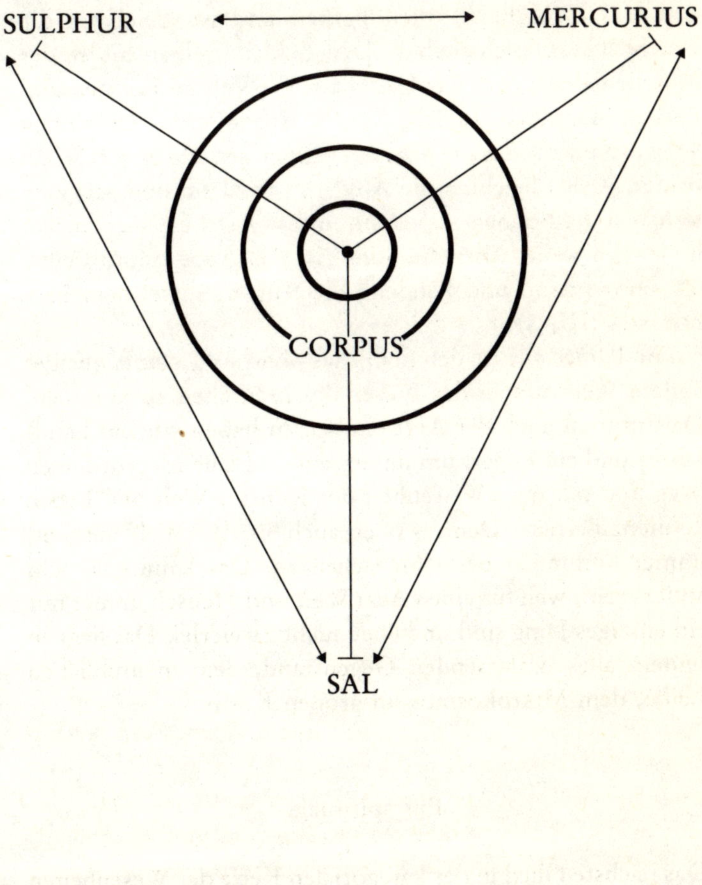

Daß diese drei Prinzipien für den kranken wie für den gesunden Organismus gelten, dafür gibt uns Zeugnis das Licht der Natur. Im Feuer dieses Lichtes muß der Arzt durch »der Natur Examen« gehen, »welche Natur die Welt ist und all ihr Eingang«. Dort erst ist die Natur ihm »offenbarlich« geworden. Denn unser Gesicht gebiert nichts in seinem Leib. Aber die Sonn' ist das Auge seines Leibes.

Als ein Beispiel nur dient hier das Auge, in dem die drei Prinzipien besonders lebendig sind: Sein Sulphur repräsentiert das Geblühe in allen Farben und ist gleichsam die Frucht des Gesichtsleibes. Den Sehleib selber bildet der Mercurius, aus dem das Gesicht seine Welt an Formen und Farben nimmt. Das Salz ist die Koagulation der beiden Sehsubstanzen, das die Stücke zu einer geschlossenen Schau bringt. »Also leuchten die Augen ihrem Leib und scheiden sich von der Sonnen ... Denn unser Gesicht gebiert nichts in seinem Leib. Aber die Sonn' ist das Auge seines Leibs, also einwirkend und zündend die Augen, soviel dem Leib not ist.« (III, 470)

Für Paracelsus ist der Leib, das »corpus«, somit nur der äußere Weg, um an das Wesen des Menschen zu kommen. Darum muß auch der Arzt ein Wesen haben wie ein Landfahrer und ein Pilger, um unterwegs, auf einem »geordneten Weg und mit der »Wissenheit der Kunst«, Welt und Leben kennenzulernen. Denn wo er auch in der Welt ausgeht, immer kommt er beim Menschen an. Das kann gar nicht anders sein, weil für einen Arzt Welt und Mensch immer nur ein einziges Ding sind und eben nicht zweierlei. Das liegt an seinem alles umfassenden Gegenstand, dem menschlichen Leibe, dem Mikrokosmos im großen Kosmos.

Ens spirituale

Das nächste Glied in der kategorialen Kette der Wesenheiten ist wohl am schwersten zu fassen. Paracelsus nennt es das »Ens spirituale«, unser Gesundsein und Krankwerden aus dem Geiste, dem »spiritus«. Hier haben wir zunächst einmal an die Macht des Geistes zu denken, die nicht nur die offensichtlich so schwache Natur des Leibes zu stützen vermag, die sich vielmehr oft genug auch gegen die Natur durchzusetzen versucht. Hier sollten wir aber auch all das mit berücksichtigen, was – gestern wie morgen – die sogenannten Geisteswissenschaften einer Heilkunde zu bieten haben.

Paracelsus spricht des öfteren auch von einem »Willen«, der den Menschen befähigt, einzugreifen in die »res naturales«. Wichtiger noch erscheinen uns unter diesem spirituellen Aspekt die Einwirkungen der »res non naturales« auf die natürlichen Dinge, die Wirkung jenes »Nomos« auf die »Physis«, der allein aus der Natur die Kultur macht. Denn des Menschen Geist besitzt eine sehr eigenständige Tugend (virtus), das, was man sein inneres Wachsein und seine lebendige Geistigkeit nennen könnte.

Krankheit wäre unter diesem Aspekt kein Abweichen von der Norm eines elementaren Gefüges, kein bloßes Entgleisen einer recht labil temperierten Symmetrie; Krankheit bleibt vielmehr in die drei Elementarprinzipien eingebunden und damit auch eingeflochten in den Gang der Dinge. Unter dem »Ens spirituale« betrachtet, kann der Mensch auch krank werden, um sich überhaupt lebendig zu erhalten. Krankheit ist auch Selbsthilfe der Natur, welche planvoll die »integritas« wiederherstellt. Der Kranke erleidet mehr die Welt als der Gesunde; er ergrünt auch zu besserer Gesundheit und damit zu immer neuer Selbstbesinnung, Selbstbehauptung und Selbststeigerung.

Zentral im »Ens spirituale« steht daher auch die Imagination, die unbedingt mit berücksichtigt werden muß, wenn es um »rationes, theorica, practica und dergleichen« geht. »Der Mensch ist der Imagination unterworfen, und die Imagination – wiewohl unsichtig, ungreiflich –, so wirkt sie doch ›corporaliter‹ auf eine Substanz und durch die Substanz, als sei sie die Substanz.« (VII, 329) Ebenso wie eine starke Begierde zu Imaginationen führen kann, kann auch eine

Practica Teütsch auff das M. D. XXXV. Jar. durch den hochgelerten Theophrastum Paracelsum / Der freyen künste der Artzney vnnd Astronomey / Doctor / dem gemainen menschen zů nutz gepracticiert / vnd außgangen.

Mars. Venus.

Paracelsus: *Practica Teutsch auff das M. C. XXXV. Jar . . .*
Titelblatt der Erstausgabe von 1535 bei H. Steiner, Augsburg.

starke Imaginatio wider allen vernünftigen Grund der Arznei handeln. »Denn kann Imaginatio Krankheit machen, kann Erschrecken Krankheit machen, so kann Freude Gesundheit machen; und so Imaginatio gut und böse sein mag, so mag sie auch ebenso gesundmachen wie krank.« (VII, 329). Zu den Risikofaktoren gehören auch die »Restitutionsfaktoren«! Imagination vermag daher die Natur zu regieren, als sei sie gleichsam ihren Gesetzlichkeiten entwichen. Je stärker aber solche Imaginationen sich in der Welt auswirken, um so schwächer erweist sich die Wirkung des Arztes, wie man bei jeder Massenpsychose erleben kann mit ihren seltsamen, wunderbarlichen Erscheinungen (VII, 330).

Auf den Feldern des »Ens spirituale« begegnen sich Physiologie und Psychologie, Anthropologie und Philosophie auf das vielfältigste und innigste. Unter dem geistigen Aspekt versteht Paracelsus aber auch die so eigentümliche Selbsthilfe der Natur, die in ihrer Weisheit immer wieder die »integritas«, »Gesundheit und Gänze«, wiederherzustellen sucht. Denn die Natur, die alle Dinge wachsen läßt, macht auch den ganzen Leib wieder jung! Im »Spiritus« ist in besonders lebendiger Weise die schöpferische Grundkraft am Werke, die selbst noch in der verfallenden Natur ihrer produktiven Mächtigkeit Ausdruck verleiht. Im »Spiritus« wird das »Licht der Natur« zum Meister unserer sinnlichen Ausstattung, Meister auch aller natürlichen Lebensbedingungen. Aus diesem Geiste erwächst am ehesten der Anspruch, Hilfe zu leisten in der Not, Partner zu bleiben in der Bedrängnis, Beistand zu geben dem Bedürftigen. Hier erlebt der Mensch den Menschen als ein Du, und hier begegnet er ihm in seiner vollen Existenz.

Ens Dei

Der letzte Bereich, das »Ens Dei«, ist deutlich abgesetzt gegen die vier profanen Kategorien; denn hier erfahren wir das Leben und das Leiden unter dem Glanz des Glaubens.

Gott selber ist es letztlich, der Gesundheit verleiht, Krankheit zuläßt, Heilmittel schenkt. »Alle Dinge stehen in einer Ordnung, und die Ordnung fließt aus dem Gebot.« Das Hauptgebot aber lautet, in der Not einander Hilfe zu erweisen. Gibt es – so fragt Paracelsus – noch eine edlere Kunst, als die Not zu wenden zum Heile? Kann auf Erden etwas noch wichtiger sein als ein gesunder Leib und seine Erhaltung?

Und wie Gott selber der Arzt der großen Welt ist, so soll nun auch der Medicus der Arzt der kleinen Welt werden. Wenn aber der Arzt »der kleinen Welt Gott« ist, wo anders soll er seinen Grund lernen als bei jenem ältesten Arzt? So ist denn der Arzt euer Nächster, und Gott ist sein Nächster. Er ist nichts Geringeres als »der Vollbringer der Werke Gottes«.

Unter dem »Ens Dei« erfahren wir aber auch, wie der Mensch in seinem gebrechlichen Leibe die Arznei des Allerhöchsten empfängt, damit er in seiner Leiblichkeit teilnehmen könne am »Mahl des Herrn«. Denn Gott hat in Christo beschlossen, »den Menschen im Himmel leiblich zu haben und nicht wie einen Geist«. Aus der Kraft des Glaubens erfahren wir jene »besondere Art der Leiblichkeit«, wie sie uns geschenkt wurde im »Mahl des Herrn«. Von dieser transzendierenden Leibhaftigkeit her fällt noch ein letztes Mal Licht auf die Gestalt des irdischen Todes. Der Tod des Menschen ist gewißlich »nichts anderes als ein Ende des Tagwerks, eine Hinnehmung der Luft, ein Verscheiden des Balsams und eine Ablöschung des natürlichen Lichts«. Der natürliche Mensch geht nach der »großen separation« der drei Substanzen wieder zurück »in seiner Mutter Leib«, in die »Erde«, um »darinnen das irdische natürliche Fleisch zu verlieren«, um darin aber auch »am Jüngsten Tag in einem neuen, himmlischen und klarifizierten Fleisch zum anderen Male geboren zu werden, wie Christus zu Nikodemus sagte, da er zu ihm kam bei der Nacht«. (XI, 334)

Soweit zu diesem uns immer noch äußerst merkwürdigen Schema der Lehre von den »fünf Entien«! Man könnte sie am ehesten die fundamentalen Seinskategorien einer Umwelt und unserer Anlage nennen, die von einer kosmischen wie spirituellen Konstellation gehalten sind und im ganzen getragen werden von einer abgrundtief religiösen Verbundenheit alles kreatürlich Geschaffenen.

Die Großartigkeit dieses kategorialen Systems wäre freilich nicht erfaßt und gewürdigt, würde man nicht wenigstens den Versuch einer Integration dieser fünf Seinskreise unternehmen, die Paracelsus auch »die fünf Fürsten« genannt hat. In einer »Conclusio« zu seiner Entienlehre betont er noch einmal die fünf in sich so verschiedenen Aspekte, welche die Gewalt haben, »alle Krankheit zu gebären«, um sich dann den praktischen Folgerungen aus dieser Theorie zuzuwenden.

Mit seiner Entienlehre glaubte Paracelsus einen in sich völlig evidenten theoretischen Zugang zur Wirklichkeit des gesunden und kranken Menschen gefunden zu haben, der nun in der Praxis seine Früchte zeitigen sollte. Dieses in sich so grandios geschlossene System ist von der modernen Wissenschaftsgeschichte nur in Ansätzen wahrgenommen und in seiner Tragweite keineswegs gewürdigt worden. Die Paracelsische Heilkunde gründet sich auf einer umfassenden Naturphilosophie, die noch alle Phänomene der Geschichte wie der Gesellschaft umfaßt. Daraus resultiert nun in keiner Weise – wie im 19. Jahrhundert – eine allgemein verbindliche Einheitswissenschaft mit ihrem methodischen Dogmatismus, zu dem in der Folge die psychosozialen Aspekte nur als kompensatorisches Prinzip oder als Korrektiv treten konnten.

Was unsere naturwissenschaftliche Medizin allein noch berücksichtigt, ist das »Ens naturale«, während zu einer wahrhaft philosophischen Auffassung doch auch gehören müßten: das »Ens astrale«, die biographische Szenerie; das »Ens veneni«, die Umwelt mit ihrer toxischen Gesamtsituation; das »Ens spirituale«, der soziokulturelle Kontext und – von diesen vier profanen Kategorien eindeutig abgesetzt – das »Ens Dei«, das absolute Bezugssystem. Das sind schon

Darumben ſo iſt die auferſtehung von dem andern leib, und nit von dem erſten, das wir ſollen glauben des fleiſchs uferſtehung, aber nit des kotsfleiſch von Adam, ſunder us Chriſto. das in Adam uferſtehet, das geet zum ewigen tot. das aber in Chriſto auferſteet, das iſt die auferſtehung der lebendigen, dern got iſt unſer aller got, und nit der toten in der hellen: die wird er laſſen ſtürzen und ſich ir nit beladen. darumb werden ſie tot ſein. dan do iſt kein auferſtehung. aber wol den leib der entpfindlikeit werden ſie hon, wie in got den geben wird. dan ſie werden auch auferſtehen, aber wie ein ratten under dem weizen. ſie werden ſein des dummen ſalzs, nit des rechten ſalzs. do iſt nichts glorifizirts in. dan das iſt allein glorifizirt, das allein nichts anderſt iſt, als allein aus Chriſto, und weiter nichts mer. zu gleicherweis: nichts iſt golt, als allein, das von allen ſchlacken gereiniget iſt, und durch das feur in plei gangen iſt und durch das ſpießglas goſſen und gefirmirt im aquafort. ſo nun das die proben ſeind eines natürlichen golts, ſo iſt es uns auch ein exempel, das auch dermaßen proben müſſen ſein im leib der uferſtehung, das do weit über den ſchlacken ein irdiſch leib werd ſein, und vil mer des feurs im blei, im ſchmelzen, im aquaforten, im ſpießglas bedürfen wird, uf das es lauter und klar werd: nit das das unlauter lauter werd, nit das der kot gut werd, ſunder unlauter bleibt unlauter, kot bleibt kot. aber das perlin, das darin iſt, daſſelbig wird fürher gon, daſſelbig iſt diſes, das glorifizirt heißt. nit das es ſelbs unrein were, aber im unreinen lag. das iſt werden in blumen, wie die ſonn iſt glorifizirt an ir ſelbs:

Auszug aus den theologischen Schriften des Paracelsus
(Ed. Sudhoff u. Matthießen, II. Abt., 310–311).

großartige Seinsbezirke, Sinnbereiche, anthropologische Dimensionen, uns allen im Grunde bekannt, aber von den Wissenschaften vergessen und verdrängt, und auch hier heutzutage nur rein dekorativ von außen wieder draufgepappt – als Psychologie, als Soziologie, als ökologisches Stoffgebiet, als Psychosomatik!

Der Versuch des Paracelsus indes, auch der Medizin in der Wissenschaftssystematik des Studium generale einen theoretischen Standort und damit auch ein apologetisches Fundament zu sichern, muß als gescheitert angesehen werden. Die Medizin konnte nicht zum »Eckstein der Universität« werden, ebensowenig wie sie – nach Novalis – die »Elementarwissenschaft eines jeden gebildeten Menschen« wurde. Während der Arzt als der Moderator des labilen Gleichgewichts noch bei Isidor von Sevilla nicht nur sein therapeutisches Stimulans, sondern auch ein deontologisches Regulans fand, hat er mit der Entfaltung der Wissenschaften immer mehr dieses Maß verloren. Im Zuge der modernen Aufklärung haben Ärzte sich mehr und mehr zu Richtern der Staatsordnung, zu Ökonomen der Wirtschaft und schließlich zu Priestern einer humanitären Kirche machen lassen, um in unserem Jahrhundert eine radikale Entmythologisierung zu erleben und gerade damit abermals einer Ideologisierung preisgegeben zu sein.

8

Letzte Lebensjahre

Wir stehen am Ende eines bewegten Wanderlebens, am Ende auch eines imponierenden Bildungsprogrammes, das vorgetragen wurde im Zuge auch einer bewegten Zeit, jener dramatischen Wende zwischen Mittelalter und Neuzeit, die uns das Werk des Paracelsus besonders lebendig vermittelt. Ein derartig fundamentales Wissen um Lebendiges allein in leibhaftiger Gestalt, es findet sich vielleicht nur einmal noch wieder im Abendland, bei Novalis nämlich, dem das Äußere auch das Innere ist, genauer und paracelsisch: Das Äußere ist ein in den Geheimniszustand erhobenes Innere; wie auch Goethe noch so klar gewußt hat, daß »im Innern ist ein Universum auch«!

Dieser universelle Anspruch des Arztes an den Menschen, der hier bei Paracelsus noch in voller Leidenschaft gestellt wird, er sollte in der Neuzeit von Generation zu Generation mehr verkümmern. Darüber können uns auch die atemberaubenden Fortschritte der Medizin nicht hinwegtäuschen, die aus der alten Heilkunde eine Technik der Biologie gemacht haben, eine erstaunlich hochspezialisierte Reparaturkunde. Man muß einmal, mitten in den Wirren dieses heillos aufgeklärten Humanismus, den vollblütigen Heilkünstler Paracelsus gehört haben, wenn er kühn behauptet: »Der Arzt hat von dem Mahl gegessen, zu welchem Mahle die geladenen Gäste nicht kamen!« Wären sie nämlich gekommen zu dem Lebensmahle im Lichte der Natur, und »hätten die Nüchternen einmal gekostet, alles verließen sie und setzten sich zu uns an den Tisch der Sehnsucht, der nie leer wird«.

Und so ist es wohl auch kein Zufall, daß gerade Novalis im Aufgang der neuen Aufklärung der einzige gewesen zu sein scheint, der mit dem Menschen als der »Abbreviatur des Kosmos« und der Welt als einer »Elongatur des Menschen« das anthropologische Konzept des Paracelsus verstanden hat (das er sicherlich gekannt hat), um nun – aber das kann nur noch angedeutet werden – in nahezu gleichlautender Sprache zu künden vom Geheimnis jenes Leibes, dessen aufreibende Gebrechlichkeit noch ein so deutliches Licht wirft auf die erhabene Personalität unseres Geistes. Wer sonst wie er hätte »des irdischen Leibes hohen Sinn erraten«, er, dem »einst alles Leib« werden sollte, *ein* Leib in jener aufbereiteten Welt, von der Paracelus erwartet hat, daß darin alle Dinge »ad ultimam gelangen«: ausgereifte Glieder einer »güldenen Welt« im Licht der Natur!

Paracelsus bringt das Reifen seiner letzten Lebensjahre auf die ebenso großartige wie schlichte Formel: Der Himmel werde sich in uns »leiben«. Damit aber steht der leibhaftige Mensch in persönlicher Verantwortung vor der Natur; der Arzt wird zum Promotor dieser Verleiblichung. Reift doch im Menschen die Welt zur letzten Materie aus, dort wo jedes »Ding allein in ihm selbst stehet und jubiliert in seiner Exaltation zu gleicher Weise wie das Gold«!

Vom »Mai der großen Welt« ist in den letzten Schriften immer wieder die Rede, dem „aureum saeculum", jener güldenen Zeit im zweiten, dem »anderen Paradies« der Welt, einer »Zeit der großen Ernte«, einer »neuen Geburt«, jener großen Reinigung, »aus welcher der Mensch unzerbrüchlich wie Gold hervorgeht«. (VII, 273) Mit dem Psalmisten erkennt auch Paracelsus diese geradezu sokratische Regel an; »daß keiner sterben soll, er soll denn zuvor ausgerichtet haben dasjenige, das ihm dann befohlen worden ist von Gott« (V, 244), von seinem »daimonion«, das ihn nicht verlassen sollte auch auf seiner letzten verzweifelten Wanderschaft, seiner »Krankheit zum Tode«.

Nach einem Aufenthalt in verschiedenen Orten Kärntens finden wir Paracelsus im August 1540 zum zweiten Male in Salzburg, auch diesmal offensichtlich mit dem Versuch einer ärztlichen Niederlassung, zu der ihn sein Schirmherr, der

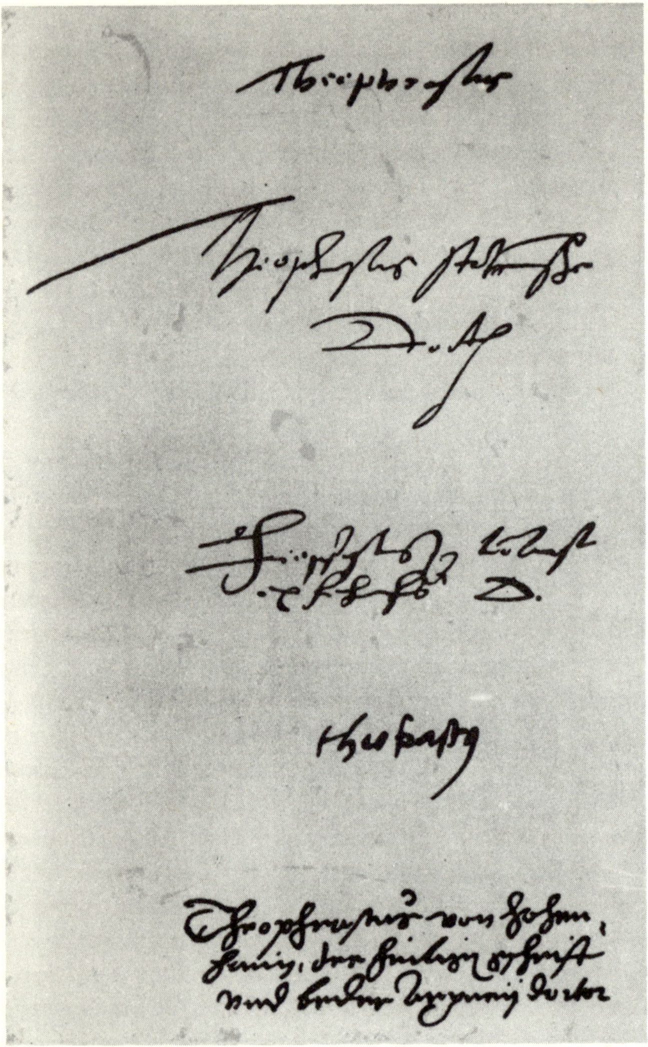

Unterschriften des Paracelsus – (von oben nach unten) im Schreiben an Erasmus von Rotterdam (1526), an Amerbach (1528), in einem Consilium (1535) und einem Brief an den Magistrat von Memmingen (1536).

Bischof Herzog Ernst von Bayern bewogen haben mag. Wiederum wird mit dem Rückblick ein neuer Einsatz versucht. Dankbar preist Paracelsus sein Schicksal; »daß wir in Armut und Hunger unsre Jugend verzehrt haben und freuen uns des Tags des Ends unsrer Arbeit und der Ruhe« (XIII, 249).

Die drei letzten Lebensjahre des Theophrastus von Hohenheim, sie sind von höchster Dramatik und vermitteln noch einmal das Abenteuer dieser wahrhaft sokratischen, ins Unbedingte gehaltenen Existenz. Zu Beginn des Jahres 1538 hält Paracelsus sich, von Mährisch-Kromau über Preßburg kommend, in Wien auf, wo die Kollegen ihn nicht besonders herzlich empfangen zu haben scheinen. »Sie haben aber befunden, besser sei, so ich zu Wien zu St. Steffen bin, sie seien auf dem hohen Markt.« Von Wien aus reist Paracelsus zu den Schwefelquellen von Baden, besucht Judenberg und Bad Einöd und erreicht Villach, wo ihm der Rat der Stadt unter dem 12. Mai 1538 eine Urkunde über das Ableben seines Vaters (1534) ausstellt. Ende August 1538 finden wir ihn auf dem Wege nach Klagenfurt, dem Sitz der Stände des Landes Kärnten, das ihm am 12. September 1538 die feierliche Zusage zur Drucklegung wichtiger Schriften macht. Diese sogenannten *Kärntner Schriften* konnten freilich erst im Jahre 1955 in den Druck gehen. Die Kärtner Schriften enthalten nach einer Widmung und einer Chronik des Landes *Das Buch von den tartarischen Krankheiten*, ferner die sieben Verteidigungsreden *(Defensiones septem)* sowie den so wichtigen *Labyrinthus medicorum errantium*, den *Irrgang der Ärzte* in einer Medizin mit Schlagseite, wobei in verschiedenen Phasen und Stufen der Weg gezeigt wird, der die Ärzte aus dem Irrgarten hinausführt an das Licht der Natur. »Willst du ein Arzt werden«, so lesen wir in der Vorrede, »so suche am ersten die Arznei, da wo sie ist, und spekulier' keine von dir selbst. Denn es ist nit Rhetorica und partes orationis. Da nimm sie, da sie geschrieben stehet, so irrest nit. Und besieh alle die Bücher, so gemacht sind. Was konkordiert in das Licht der Natur, das besteht und hat

Kraft. Was aber ist das nit konkordiert, das ist ein Labyrinthus, der keinen gewissen Eingang noch Ausgang hat.« (XI, 170)

Besinnung, Erwartung und Bekenntnis, sie kommen bei dieser Suche nach dem Reich Gottes letztlich zum Einklang: »Was ist aber [fragt Paracelsus], das einen Medikus reut?« Und die lapidare Antwort: »Nichts! Denn er hat seine Tage vollbracht mit den Arcanis und hat in Gott und in der Natur gelebt als ein gewaltiger Meister des irdischen Lichts.« (VIII, 321)

Am Ende seiner Wanderschaft will Paracelsus daher auch die labyrinthischen Wege vergessen, um heimzukehren in die Hut seines Herrn. In einem seiner Psalmenkommentare lesen wir die ergreifenden Worte: »Kehr' dich wieder, kehr' wieder in die Kindheit von dem, das du gelernt hast von den Menschen, und laß ihre Unruhe liegen und ihre Sorgen und Ängste, die sie mit ihrer Weisheit gebrauchen. Und gehe du in die Ruhe deiner Kindheit, deiner Einfalt. Was ist Ruhe hier auf Erden? Nix, keine! Das ist eine Ruhe: Dein Gott läßt sorgen.« (II/V, 208) Vor ihm sind tausend Jahre wie ein Tag! »Drum ist alles nix, was wir in die Zeit bauen, in die vergangene oder zukünftige. Es dorrt alles aus und hat keinen Bestand.« Unser ganzes weites wildes Leben, es gibt nur ein elendes Alter: »Da wird uns das Gesicht genommen, die Bein', die Füße, die Vernunft, die Sinne, und aller Jammer fällt mit Haufen herein. Was nützen dann dem alten Manne seine jungen Tage?« (II/IV, 398)

Am 21. September 1541 diktiert der frühgealterte, sterbenskranke Paracelsus im Kleinen Stübel des Wirtshauses »Zum weißen Roß« seinen letzten Willen, »schwachen Leibs auf einem Reisebett sitzend, aber der Vernunft, Sinnen und Gemüts ganz aufrichtig«. Zum Erben seiner nachgelassenen Hab' und Güter benennt er »arme, elende, dürftige Leut, die da kein Pfründ noch andere Fürsehung haben«, wobei man weder Gunst noch Ungunst berücksichtigen möge, »sondern allein die Notdurft und Gebrechen derselbigen armen Personen ansehen«. Drei Tage nach diesem

Testament, am 24. September 1541, stirbt er und wird noch am gleichen Tage auf dem Armenfriedhof von Sankt Sebastian zu Grabe getragen, kaum 48 Jahre alt, ein Kämpfer gegen seine Zeit, ein Mann aber auch, der alle Hoffnung gesetzt hat auf das Zukünftige, das seiner Zeit folgen werde. »Ich werde grünen, so ihr werdet des dürren Feigenbaums Fluch tragen. Denn die Axt liegt am Baum. Der Himmel mag nimmer sein eigen Übel sehen, er wird seine Astronomos machen und die Erde ihre Philosophos und das Licht der Natur seine Alchimisten.« (VIII, 41) Im Prolog zu seinem *Liber in vitam beatam* hat sich Paracelsus noch einmal sehr bewußt zu seinem Schicksal bekannt: »Die Zeit der Geometrie ist zum End gangen, die Zeit der Philosophei ist zum End gangen, der Schnee meines Elends ist zum End gangen. Was im Wachsen ist, ist fertig. Die Zeit des Sommers ist hier. Von wannen er kommt, das weiß ich nit; wohin er kommt, das weiß ich nit: Es ist da!« (I/I, 82)

»Alsdann ist da die güldene Welt, das ist, alsdann wird der Mensch in seinen rechten Verstand kommen und menschlich leben, nicht viehisch, nicht säuisch, nicht in der Spelunken.« (II, 165) Dann wird unser »zerblendet Herz«, verflucht und beflecket vom Mammon, gereinigt werden. Ein »ander Paradies« bricht an, »in dem keine Krankheit wächst, keine Krankheit bleibt, kein giftiges Tier wohnet noch eingehet, darin keine Gesundheit mehr zerbrochen wird.« (III, 238)

In der Zeit warten auf Reifsein, ist alles: »Bist du berufen, ein Buch zu machen, es wird nit versäumet werde, sollt's sechzig oder siebzig Jahr anstehen und noch länger. Es wird nit dahinten bleiben, es wird heraus müssen, wie ein Kind von dem Bauch seiner Mutter.« All unser Mühen und Werken, es ist nur ein Geburtshelferdienst, bis die Dinge zeitig geworden sind: »Ich gedenk, daß ich Blumen sah in der Alchimia, vermeinte, das Obst wäre auch da. Aber da war nichts. Da aber die Zeit kam, da war die Frucht auch da.« *(De vita beata)*

Es ist eine großartige Ordnung der Zeit, die in dieser Natur wirkt und zum Ende drängt, zur Reife aller Dinge.

Testamentum PHILIPPI THEO-PHRASTI PARACELSI, des hocherfahrnen Teutschen Philosophi / vnd baider Artzney Doctoris.

Weittern Innhalt dises Büchlins hastu auff der andern seitten dises Plats.

Hierinn findestu lieber Leser / wer Theophrastus vnd seine Eltern gewesen / wa sie gelebt vnd gestorben / vnd was er verlassen. Vormals nie in truck geben.

Cum gratia & Priuilegio Cæsareo.

Getruckt zů Straßburg durch Christian Müller.
1574

Testamentum Philippi Theophrasti Paracelsi . . .
Titelblatt der Erstausgabe von 1574
bei Christian Müller, Straßburg.

Gott hat alle Gestalten, Farben, Formen der Menschen ohne Zahl in diese Ordnung gesetzt, auf daß sie darin »alle erfüllt« werden. »So dann der Jüngste Tag kommt, so werden die Farben und Sitten der Menschen alle erfüllt sein, denn er ist allein gesetzt auf den Punkt, wenn alle Farben, Formen und Gestalten und Sitten der Menschen vorüber sind und keiner mehr mag geboren werden, er sähe denn einem andren gleich. Alsdann ist die Stund aus des Laufs der ersten Welt.« (I, 181)

»Alsdann wird Gott der Herr ein neu Jerusalem bauen.« (II/VII 91) Er wird in Seine Stadt aufnehmen die Armen und die Elenden, und alles, was traurig war, wird dort fröhlich sein. Des »Mammons Laster und Beschiß«, sie sind an den Tag gekommen; die ganze Welt wird sein wie eine selige Stadt. Was danach den Menschen erwartet, das wird nur noch angedeutet im Gleichnis: »Wenn dann der irdische Leib von uns kommt, so werden wir sehen, wie wir sind in dem ewigen: über alle Sonnen und Sterne.« Der klarifizierte Leib wird auferstehen in einer glorifizierten Welt! Er wird aufsteigen zu den Himmeln, zu jenem Tisch, den der Vater uns »bereitet hat, bei seinem Sohne zu essen« (II/I, 311). Alsdann werden dort singen die Heiligen, die Armen, aus vollem Herzen. Und der Herr selber wird bauen das ewige Jerusalem, »und Er wird das Regiment behalten von Geschlecht zu Geschlecht«.

Werkverzeichnis

Nach der von Karl Sudhoff herausgegebenen Gesamtausgabe
Theophrast von Hohenheim, gen. Paracelsus: Medizinische, naturwissenschaftliche und philosophische Schriften
Bände I–XIV, München 1923–1933.

Band I	Elf Traktat von Ursprung, Ursachen, Zeichen und Kur einzelner Krankheiten	1–161
	Bruchstücke des Buches von den fünf Entien (Paramirum primum)	163–239
	Das Buch von der Gebärung der empfindlichen Dinge in der Vernunft	241–286
	Ein Büchlein »De generatione hominis«	287–306
	Frühe Ausarbeitungen über das Podagra samt Fragmenten	307–386
Band II	»Herbarius«	1– 57
	Von den natürlichen Dingen	59–175
	Fragmentarisches zu den »Virtutes herbarum«	205–224
	Von den natürlichen Wässern und Bädern	225–345
	Von den tartarischen oder Steinkrankheiten	359–390
	Von den Krankheiten, die der Vernunft berauben	391–455
	Von Ursachen und Kuren der Kontrakturen und Lähmungen	457–486
Band III	Von den ersten drei Principiis	1– 11
	»De viribus membrorum«	13– 26
	Neun Bücher Archidoxis	86–200
	»De praeparationibus«	309–359
	Brief an Erasmus von Rotterdam	379
Band IV	Intimatio (Basel, 5. 6. 1527)	1– 4
	»De gradibus«	5– 67
	Entwürfe und Hörer-Nachschriften	77–368
	Vom Aderlaß, Purgieren und Schröpfen	369–434
	»De modo pharmacandi«	435–468
	Deutsche Kommentare zu den Aphorismen des Hippokrates	491–468

Band V	Entwürfe und Schüler-Nachschriften »Antimedicus«	1–410
	Entwürfe zu einem Wundarzneibuch	411–490
	»De ulceribus«	491–505
Band VI	Briefe an Bonifazius Amerbach	33–37
	Drei Bücher der Wundarznei (Bertheonea, 1525)	39–165
	Von allen offenen Schäden	207–290
	Von Blattern, Lähmen, Beulen	301–479
Band VII	Vom Holz Guajaco gründlicher Heilung	51–66
	Von der französischen Krankheit drei Bücher	67–182
	Von Ursprung und Herkommen der Franzosen	183–366
	Spital-Buch	367–412
Band VIII	Paragranum. Vorrede und erste Ausarbeitung	31–113
	Das Buch Paragranum, letzte Bearbeitung in vier Büchern	133–221
	Von den hinfallenden Siechtagen	261–308
	Von den hinfallenden Siechtagen der Mutter	317–368
	Zwei Bücher von der Pestilenz	369–395
Band IX	Opus Paramirum (St. Gallen 1531)	37–230
	Entwürfe zu den vier Büchern des Opus Paramirum	231–248
	Die Bücher von den unsichtbaren Krankheiten	249–350
	Von der Bergsucht und anderen Bergkrankheiten	461–541
	Von des Bades Pfäfers Tugenden	639–659
Band X	Das erste Buch der Großen Wundarznei	7–200
	Das zweite Buch der Großen Wundarznei	215–421
	Das angebliche dritte Buch der Großen Wundarznei	423–479
	Ausarbeitungen zur Großen Wundarznei	481–571
Band XI	Widmung der drei Bücher an die Kärntner Stände	6
	Das Buch von den tartarischen Krankheiten	15–121
	Sieben Defensiones	123–160
	»Labyrinthus medicorum errantium«	161–221
Band XII	»Astronomia«	1–444
	Entwürfe zur »Astronomia Magna«	445–507

Band XIII	»Philosophia de generationibus et fructibus quatuor elementorum«	5–123
	»De Meteoris«	125–286
	»Philosophiae tractatus quinque«	335–358
Band XIV	»Philosophia magna«	1–375
	Generalregister der 14 Bände (mit Konkordanz zur Huserschen Ausgabe)	731–739

Zeittafel

1493	Theophrastus Bombastus von Hohenheim an der Teufelsbrücke bei Einsiedeln geboren.
1502	Der Vater Wilhelmus Bombastus von Hohenheim siedelt nach Villach in Kärnten über und wird Stadtarzt.
1510–1516	Universitätsstudien in Wien, Frankreich, Italien; Promotion in Ferrara.
1516–1518	Wanderjahre in Italien, Spanien, Frankreich.
1519–1523	Kriegszüge in Skandinavien, Reisen durch Litauen, Polen, Ungarn, Dalmatien.
1524	Niederlassung in Salzburg; Konflikte im Bauernaufstand. Aufzeichnungen zum *Volumen Paramirum.* Flucht aus Salzburg; Wanderwege zwischen Donau und Rhein.
1526	Bürgerrecht zu Straßburg; ärztliche Tätigkeit im Elsaß und in Basel.
1527–1528	Stadtarzt in Basel und Professor an der Universität; Vorlesungsprogramm; Streitigkeiten mit Fakultät und Magistrat.
Februar 1528	Flucht aus Basel nach Kolmar.
1528–1530	Aufenthalte im Elsaß, in Esslingen, Nürnberg; Entwürfe zur Chirurgie und Syphilisschriften.
1530	Aufenthalte in Beratzhausen, Regensburg, St. Gallen. Aufbau des *Paragranum* und Niederschrift des *Opus Paramirum.*
1531	Niederlassung in St. Gallen. Ein umfangreiches theologisches Schrifttum ist im Entstehen.
1532–1534	Paracelsus wandert als Arzt und Laienprediger durchs Appenzeller Land und Tirol. *Büchlein von der Pest* und *von der Bergsucht.*
1534	Aufenthalt in Sterzing und Innsbruck; Tod des Vaters in Villach (8. September).
1535	Wanderwege über Bad Pfäfers durch Graubünden.
1536	Die *Große Wundarznei* erscheint zu Ulm und in Augsburg.
1537	Aufenthalte in München, Eferding und Mährisch-Kromau. Das Buch *Von den tartarischen Krankheiten* entsteht.
1538–1539	Reisen über Judenburg und Villach nach Klagenfurt; Paracelsus widmet am 24. August 1538 eine Schriftenreihe den Kärntner Ständen *(Kärntner Schriften).*

1540	Aufenthalt in Klagenfurt; August 1540 Berufung durch den Fürstbischof Ernst von Baiern nach Salzburg.
1541	Am 24. September stirbt Paracelsus in Salzburg; Bestattung auf dem Sebastians-Friedhof.

Literaturhinweise

Achelis, Johann Daniel: *Die Überwindung der Alchemie in der Paracelsischen Medizin.* Sitzungsberichte der Heidelberger Akademie der Wissenschaften (1942). Heidelberg 1943.

Achelis, Johann Daniel: *Zum Krankheitsbegriff Theophrasts von Hohenheim.* In: Tymbos für W. Ahlmann. Berlin 1951.

Betschart, Ildefons: *Theophrastus Paracelsus. Der Mensch an der Zeitenwende.* 2. Aufl. Einsiedeln 1942.

Bittel, Karl: *Paracelsus. Leben und Lebensweisheit in Selbstzeugnissen.* Leipzig 1944.

Braun, Lucianus: *Paracelsus und die Philosophiegeschichte.* Salzburger Beiträge zur Paracelsusforschung, Folge 5. Wien 1965.

Darmstaedter, Ernst: *Arznei und Alchemie. Paracelsus-Studien.* Leipzig 1931.

Domandl, Sepp: *Erziehung und Menschenbild bei Paracelsus. Anfänge einer verantwortungsbewußten Pädagogik.* Salzburger Beiträge zur Paracelsusforschung, Heft 9. Wien 1970.

Domandl, Sepp: (Hrsg.) *Die ganze Welt ein Apotheken.* Festschrift für Otto Zekert. Salzburger Beiträge zur Paracelsusforschung, Heft 8. Wien 1969.

Domandl, Sepp: (Hrsg.) *Eschatologie und Ideologie bei Paracelsus.* Zeitschrift für philosophische Forschung 24 (1970) 126–133.

Domandl, Sepp: *Gestalten und Ideen um Paracelsus.* Salzburger Beiträge zur Paracelsusforschung, Folge 11. Wien 1972.

Domandl, Sepp: (Hrsg.) *Paracelsus im Blickfeld heutiger wissenschaftsgeschichtlicher Betrachtung.* Salzburger Beiträge zur Paracelsusforschung, Folge 12. Wien 1974.

Domandl, Sepp: (Hrsg.) *Paracelsus. Werk und Wirkung.* Festgabe für Kurt Goldammer. Wien 1975.

Druschky, Sibylle: *Die Struktur der Frau aus dem Leitbegriff der Matrix bei Paracelsus.* Med. Diss. Heidelberg 1965.

Dunkelberg, Hartmut: *Zum Begriff »gestirn« bei Paracelsus.* Med. Diss. Heidelberg 1972.

Dyk, Anton: *Paracelsus und die Evolution.* In: Salzburger Beiträge zur Paracelsusforschung, Folge 13. Wien 1975.

Goldammer, Kurt: *Paracelsus. Sozialethische und sozialpolitische Schriften.* Tübingen 1952.

Goldammer, Kurt: *Paracelsus. Natur und Offenbarung.* Hannover-Kirchrode 1953.

Goldammer, Kurt: *Paracelsus.* Salzburger Beiträge zur Paracelsusforschung, Folge 4. Wien 1964.

Goldammer, Kurt: *Die Astrologie im ärztlichen Denken des Paracelsus.* Hessisches Ärzteblatt 23 (1962) 442–458.

Goldammer, Kurt: *Der Beitrag des Paracelsus zur neuen wissenschaftlichen Methodologie und zur Erkenntnislehre.* Medizinhistorisches Journal 1 (1966) 75–95.

Goldammer, Kurt: *Paracelsus in der deutschen Romantik. Eine Untersuchung zur Geschichte der Paracelsus-Rezeption und zu geistesgeschichtlichen Hintergründen der Romantik.* Salzburger Beiträge zur Paracelsusforschung, Folge 20. Wien 1980.

Greiner, Karl: *Paracelsus im Lande seiner Väter.* Salzburger Beiträge zur Paracelsusforschung, Heft 2. Salzburg 1961.

Gundolf, Friedrich: *Paracelsus.* Berlin 1928.

Hemleben, Johannes: *Paracelsus. Revolutionär, Arzt und Christ.* Frauenfeld, Stuttgart 1973.

Hildegard von Bingen: *Der Mensch in der Verantwortung. Das Buch der Lebensverdienste (Liber Vitae Meritorum),* übersetzt von Heinrich Schipperges. Salzburg 1972.

Kämmerer, Ernst Wilhelm: *Das Leib-Seele-Geist-Problem bei Paracelsus und einigen Autoren des 17. Jahrhunderts.* Wiesbaden 1972.

Kämmerer, Ernst Wilhelm: *Mensch und Krankheit bei Paracelsus.* Salzburger Beiträge zur Paracelsusforschung, Folge 13. Wien 1975.

Kaiser, Ernst: *Paracelsus in Selbstzeugnissen und Bilddokumenten.* Reinbek 1969.

Kerner, Dieter: *Paracelsus. Leben und Werk.* Stuttgart 1965.

Kierkegaard, Sören: *Über den Begriff der Ironie mit ständiger Rücksicht auf Sokrates.* Deutsch von Hans Heinrich Schaeder.München, Berlin 1929.

Lauer, Hans Hugo: *Elemente und Kräfte im Naturverständnis des Paracelsus.* Antaios 11 (1969) 321–334.

Lux, Barbara: *Der Begriff des Apollinischen bei Paracelsus.* Med. Diss. Heidelberg 1968.

Oesterle, Friedrich: *Die Anthropologie des Paracelsus.* Med. Diss. Tübingen 1937.

Pagel, Walter: *Das medizinische Weltbild des Paracelsus. Seine Zusammenhänge mit Neoplatonismus und Gnosis.* Wiesbaden 1962.

Paracelsus: *Vom Licht der Natur und des Geistes.* Eine Auswahl, Hrsg. Kurt Goldammer. Stuttgart 1960.

Paracelsus: *Das Licht der Natur. Philosophische Schriften.* Hrsg. Rolf Löther und Siegfried Wollgast. Leipzig 1973.

Paracelsus in Basel: Festschrift für Prof. Dr. Robert-Henri Blaser. Muttenz/Basel 1979.

Peuckert, Will-Erich: *Theophrastus Paracelsus.* Stuttgart, Berlin 1941.

Peuckert, Will-Erich: *Paracelsus. Die Geheimnisse. Ein Lesebuch aus seinen Schriften.* Leipzig 1941.

Rosner, Edwin: *Hohenheims Weg von St. Gallen nach Augsburg (1531–1536).* Salzburger Beiträge zur Paracelsusforschung, Folge 16. Wien 1977.

Rutschow, Hans: *Über den Magnetismus bei Paracelsus.* Med. Diss. Köln 1965.

Sartorius Frhr. v. Waltershausen, Bodo: *Paracelsus am Eingang der deutschen Bildungsgeschichte.* Leipzig 1935.

Schipperges, Heinrich: *Welt und Mensch bei Paracelsus.* Antaios 11 (1969) 293–320.

Schipperges, Heinrich: *Paracelsus.* In: Die Großen der Weltgeschichte, Bd. IV. Zürich 1973, S. 931–945.

Schipperges, Heinrich: *Paracelsus. Der Mensch im Licht der Natur.* Stuttgart 1974.

Schipperges, Heinrich: *Paracelsus zur Sprache des Arztes.* Selecta 16 (1974) 4578–4583.

Schipperges, Heinrich: *Die Idee der Ganzheit in der Anthropologie des Paracelsus.* Dtsch. Apotheker 26 (1974) 490–500.

Schipperges, Heinrich: *Zum Umfallen geboren. Die Kategorien des Pathologischen im Weltbild des Paracelsus.* Janus 61 (1974) 33–58.

Schipperges, Heinrich: *Zum Begriff der Barmherzigkeit im ärztlichen Denken des Paracelsus.* In: Paracelsus, Werk und Wirkung. Hrsg. Sepp Domandl. Wien 1975, S. 235–247.

Schipperges, Heinrich: *Magia et Scientia bei Paracelsus.* Sudhoffs Arch. 60 (1976) 76–92.

Schipperges, Heinrich: *Vom Licht der Natur im Weltbild des Paracelsus.* Scheidewege 6 (1976) 30–48.

Schipperges, Heinrich: *Kranksein und Heilung bei Paracelsus.* Salzburger Beiträge zur Paracelsusforschung, Folge 18. Wien 1978.

Schipperges, Heinrich: *Vom Wesen des Arcanum im Weltbild des Paracelsus.* Pharmazeut. Zeitung 125 (1950) 706–712.

Schipperges, Heinrich: *Das alchymische Denken und Handeln bei Alexander von Bernus.* Heidelberger Jahrbücher 24 (1980) 107–124.

Schlegel, Emil: *Paracelsus in seiner Bedeutung für unsere Zeit. Heilkunde, Forschungsprinzipien, Religion.* München 1900.

Schneider, Ernst: *Paracelsus, das unbequeme Idol.* Medical Tribune 13 (1978), Nr. 22. 35. 49.

Schumacher, Joseph: *Im Herzen wächst der Arzt. Der Arztphilosoph Paracelsus.* Freiburg 1946.

Sievers, Gerda: *Die Naturanschauung des Paracelsus.* Naturwiss. Diss. Marburg 1937.
Steudel, Johannes: *Paracelsisches Gut bei Goethe.* Nova Acta Paracelsica 8 (1957) 3–9.
Sticker, Georg: *Theophrastus Paracelsus. Ein Lebensbild.* In: Nova Acta Leopoldina, N. F. 10. Halle 1941.
Strebel, Josef: *Paracelsus zur vierten Jahrhundertfeier seines Todes.* Bern 1941.
Strebel, Josef: *Paracelsus, Neuplatonismus und indische Geheimlehren. Einführung in die paracelsische Astronomie Magna oder Philosophia Sagax der großen und kleinen Welt.* St. Gallen 1947.
Strunz, Franz: *Theophrastus Paracelsus. Idee und Problem seiner Weltanschauung.* Salzburg 1937.
Sudhoff, Karl: *Paracelsus. Ein deutsches Lebensbild aus den Tagen der Renaissance.* Leipzig 1936.
Sudhoff, Karl: *Über Theophrast von Hohenheims Bedeutung als Wundarzt.* In: Medizinische Woche 1 (1902) 1–4.
Sudhoff, Karl: Bibliographia Paracelsica: Besprechung der unter Hohenheims Namen 1527–1893 erschienenen Druckschriften. Graz 1958.
Telle, Joachim: Kilian, *Ottheinrich und Paracelsus.* Heidelberger Jahrbücher 18 (1974) 37–49.
Theophrastus Paracelsus: 1493–1541/ anläßl. d. 400. Wiederkehr des Todestages. hrsg. von Fritz Jaeger. Salzburg 1941.
Veith, Ilza: *Freud, Jung and Paracelsus: historical reflections.* Perspectives in Biology and Medicine 18 (1979) 513–521.
Vogt, Alfred: *Theophrastus Paracelsus als Arzt und Philosoph.* Stuttgart 1956.
Wehr, Gerhard: *Paracelsus.* Freiburg i. Br. 1979.
Weimann, Karl-Heinz: Auswahl-Bibliographie der neuen Paracelsus-Literatur. Salzburger Beiträge zur Paracelusforschung, Heft 3. Salzburg 1961, S. 11–20.
Weimann, Karl-Heinz: Paracelsus-Bibliographie 1932–1960. Wiesbaden 1963.
Weimann, Karl-Heinz: *Was wissen wir wirklich über die Wanderjahre des Paracelsus?* Sudhoffs Arch. Gesch. Med. 44 (1960) 218–223.
Weinhandl, Ferdinand: Paracelsus-Studien. Hrsg. Sepp Domandl. Wien 1970.
Wiesermann, Hans: *Beiträge zur Natur- und Krankheitslehre des Paracelsus.* Med. Diss. München 1942.
Zekert, Otto: *Paracelsus in der Zeit.* Salzburger Beiträge zur Paracelsusforschung, Heft 1. Salzburg 1960.
Zekert, Otto: *Die große Wanderung des Paracelsus.* Ingelheim 1965.
Zekert, Otto: *Paracelsus. Europäer im 16. Jahrhundert.* Stuttgart, Berlin, Köln, Mainz 1968.

Über den Autor

1918 Heinrich Schipperges wird am 17. März in Kleinenbroich (Bez. Düsseldorf) geboren.

1937 – 1945 Soldat.

1946 – 1951 Studium der Medizin und Philosophie in Düsseldorf und Bonn.

1951 Staatsexamen und Promotion in Medizin.

1952 Promotion in Philosophie.

1951 – 1954 Praktische Tätigkeit und ärztliche Weiterbildung an Kliniken in Bonn und der Schweiz.

1954 – 1959 Studium der Arabistik und Islamwissenschaften in Bonn.

1959 Habilitation in Medizin an der Universität Bonn. Lehraufträge für Geschichte der Medizin sowie für Kulturgeschichte des arabischen Mittelalters an der Universität Kiel.

Seit 1961 Direktor des Instituts für Geschichte der Medizin an der Universität Heidelberg.

1978 Ehrendoktor der Universidad Complutense zu Madrid.

Heinrich Schipperges ist Mitherausgeber von *Sudhoffs Archiv, Arzt und Christ, Heidelberger Jahrbücher* u. a. Er ist Ehrenmitglied der Sokratischen Gesellschaft in Mannheim, korrespondierendes Mitglied der »Academie Real« zu Toledo, Mitglied der Heidelberger Akademie der Wissenschaften und der Internationalen Akademie für Geschichte der Medizin sowie der folgenden Fachgesellschaften:

- Gesellschaft für Geschichte der Medizin, der Naturwissenschaften und Technik
- Internationale Gesellschaft für Geschichte der Medizin

- Internationale Gesellschaft für Geschichte der Pharmazie
- Deutsche Gesellschaft für Krankenhausgeschichte
- Gesellschaft Deutscher Naturforscher und Ärzte
- Deutsche Gesellschaft für Sozialmedizin
- Gesellschaft für Symbolforschung (Salzburg)
- Fachverband Medizingeschichte e.V.
- Gesellschaft für Gesundheitsbildung e.V.

Publikationen des Autors

Krankheitsursache, Krankheitswesen und Heilung in der Klostermedizin, dargestellt am Weltbild Hildegards von Bingen. Med. Diss. Bonn 1951. 232 S.

Das Bild des Menschen bei Hildegard von Bingen. Beitrag zur philosophischen Anthropologie des 12. Jahrhunderts. Phil. Diss. Bonn 1952. 145 S.

Dreifaltigkeit. Freiburg: Herder 1954. 15 S. 29 Abb. (Bilderkreis-Bändchen Nr. 39).

Hildegard von Bingen: Heilkunde. Das Buch von dem Grund und Wesen und der Heilung der Krankheiten. Nach den Quellen übersetzt und erläutert. Salzburg: O. Müller 1957. 332 S. 1 Abb.

Hildegard von Bingen: Geheimnis der Liebe. Bilder von des Menschen leibhaftiger Not und Seligkeit. Nach den Quellen übersetzt und bearbeitet. Olten: Walter 1957. 195 S.

Hildegard von Bingen: Gott ist am Werk. Die Schöpfung der Welt in Gottes Ebenbild. Aus dem Buch *De operatione dei* übersetzt und erläutert. Olten: Walter 1958. 187 S.

Ideologie und Historiographie des Arabismus. (Joh. Steudel zum 60. Geburtstag). Wiesbaden: Steiner 1961. 76 S. (Beihefte zu *Sudhoffs Archiv 1).*

Lebendige Heilkunde. Von großen Ärzten und Philosophen aus drei Jahrtausenden. Olten, Freiburg: Walter 1962. 364 S.

Das Menschenbild Hildegards von Bingen. Die anthropologische Bedeutung von »Opus« in ihrem Weltbild. Leipzig: Benno-Verl. 1962. 42 S. (Erfurter theol. Schriften, Nr. 5).

Die Welt der Engel bei Hildegard von Bingen. Salzburg: O. Müller 1963. 200 S.

Die Assimilation der arabischen Medizin durch das lateinische Mittelalter. Wiesbaden: Steiner 1964. IX, 240 S. (Beihefte zu *Sudhoffs Archiv 3).*

Hildegard von Bingen – Leben und Werk im Dienste der Heilkunde. Biberach: Thomae 1964. 10 S.

Die Benediktiner in der Medizin des frühen Mittelalters. Leipzig: Benno-Verl. 1964. 61 S. (Erfurter theol. Schriften, Nr. 7).

Hildegard von Bingen: Welt und Mensch. Das Buch *De operatione Dei* aus dem Genter Kodex übersetzt und erläutert. Salzburg: O. Müller 1965. 358 S.

Die Lehre des Hippokrates. Biberach: Thomae 1966. 10 S.

Ideal und Wirklichkeit des Arztes. Stuttgart: Gentner 1967. 30 S. (Schriftenreihe der Bezirksärztekammer Nordwürttemberg, Nr. 5).

5000 Jahre Chirurgie. Magie – Handwerk – Wissenschaft. Stuttgart 1967. 96 S. 26 Taf. (Kosmos Bd. 253).

Geschichte der medizinischen Fakultät. Die Frühgeschichte 1665–1840. Neumünster: Wachholtz 1967. 188 S. (Geschichte der Christian-Albrechts-Universität Kiel. 1665–1965. Bd 4, T. 1).

Dank den alten Meistern. – On the Shoulders of Giants. (Zur Entwicklung der Chirurgie). München: Deutsche Gesellschaft für Chirurgie 1968. 38 Bl.

Entwicklung moderner Medizin. Probleme, Prognosen, Tendenzen. Stuttgart: Gentner 1968. 186 S. (Schriftenreihe der Bezirksärztekammer Nordwürttemberg, Nr. 10).

Utopien der Medizin. Geschichte und Kritik der ärztlichen Ideologie des 19. Jahrhunderts. Salzburg: O. Müller 1968. 229 S.

Die Versammlung Deutscher Naturforscher und Ärzte im 19. Jahrhundert. Hrsg. u. eingeleitet von H. Schipperges. Stuttgart: Gentner 1968. 162 S. (Schriftenreihe der Bezirksärztekammer Nord-Württemberg, Nr. 12).

Mit H. Krebs: *Heidelberger Chirurgie 1818–1968.* Eine Gedenkschrift zum 150jährigen Bestehen der Chirurgischen Universitätsklinik. Berlin, Heidelberg, New York: Springer 1968. VII, 207 S. 14 Port. 27 Abb.

Moderne Medizin im Spiegel der Geschichte. Stuttgart: Thieme 1970. 327 S.

Ausbildung zum Arzt von morgen. Hrsg. von H. Schipperges. Stuttgart: Thieme 1971. 200 S.

Berufsberatung in medizinhistorischer Sicht. Konstanz: Byk Gulden 1971. 47 S.

Hildegard von Bingen. Der Mensch in der Verantwortung. Das Buch der Lebensverdienste (Liber Vitae Meritorum) nach den Quellen übersetzt und erläutert. Salzburg: O. Müller 1972. 310 S.

Die Präsidenten der Deutschen Gesellschaft für Chirurgie 1872–1972. Hamburg: Deutsche Gesellschaft für Chirurgie 1972. 92 gez. Bl.

Wege der Naturforschung 1822–1972 im Spiegel der Versammlungen Deutscher Naturforscher und Ärzte. Hrsg. von H. Querner und H. Schipperges. Berlin, Heidelberg, New York: Springer 1972. 207 S.

Einführung in die Geschichte der Hämatologie. Hrsg. von H. Schipperges u. a. Stuttgart: Thieme 1974. 210 S.

Paracelsus. Der Mensch im Licht der Natur. Stuttgart: Klett 1974. 230 S.

Am Leitfaden des Leibes. Zur Anthropologie und Therapeutik Friedrich Nietzsches. Stuttgart: Klett 1975. 214 S.

Medizinische Dienste im Wandel. Analysen, Strukturen, Tendenzen der Berufe im Gesundheitswesen. Baden–Baden, Brüssel: Witzstrock 1975. 288 S.

Die Medizin in der Welt von morgen. Düsseldorf, Wien: Econ 1976. 318 S. 11 Abb.

Arabische Medizin im lateinischen Mittelalter. Sb. Heidelberger Akademie der Wissenschaften, Math.-naturwissensch. Kl., 2. Abh. Berlin, Heidelberg, New York: Springer 1976. 192 S. 83 Abb.

Die Sprache des Arztes. Stuttgart: Gentner 1976. 32 S. (Schriftenreihe der Bezirksärztekammer Nordwürttemberg, Nr. 25).

Weltbild und Wissenschaft. Eröffnungsreden zu den Naturforscherversammlungen 1822 bis 1972. Hildesheim: Gerstenberg 1976. 138 S. (Schriftenreihe zur Geschichte der Versammlungen deutscher Naturforscher und Ärzte. Hrsg. von H. Querner. Bd III).

Wege zu neuer Heilkunst. Traditionen – Perspektiven – Programme. Heidelberg: Haug-Verlag, 1978. 38 Abb.

Medizin und Umwelt. Analysen – Modelle – Strategien. Heidelberg: Hüthig, 1978. (Medizin im Wandel) 16 Abb.

Welt des Auges. Zur Theorie des Sehens und Kunst des Schauens. Freiburg (u. a.): Herder, 1978.

Medizinische Ökologie: Aspekte und Perspektiven. Hrsg. von M. Blohmke, H. Schipperges und G. Wagner. Heidelberg: Hüthig, 1979. (Medizin im Wandel)

Hildegard von Bingen. Gotteserfahrung und Weg in die Welt. Olten (u. a.): Walter, 1979.

Mit W. Doerr: *Was ist Theoretische Pathologie?* Veröffentlichungen aus der Forschungsstelle für Theoretische Pathologie der Heidelberger Akademie der Wissenschaften. Heidelberg, Berlin, New York: Springer, 1979.

»Leiden«. In: *Christlicher Glaube in moderner Gesellschaft.* Teilband 10. S. 14–18. Freiburg (u.a.): Herder 1980.

Mit D. v. Engelhardt: *Die inneren Verbindungen zwischen Philosophie und Medizin im 20. Jahrhundert.* Darmstadt: Wissenschaftliche Buchgesellschaft, 1980. (Die philosophischen Bemühungen des 20. Jahrhunderts)

»Gesundheit – Krankheit – Heilung«. In: *Christlicher Glaube in moderner Gesellschaft.* Teilband 10. S. 51–84. Freiburg (u.a.): Herder 1980.

Über die Herausgeber

Die Lebensbedingungen der modernen Industrie-Gesellschaft erschweren dem einzelnen die Selbstverwirklichung im selben Maße, wie sie ihm den Alltag bequemer und ertragreicher machen. Staat und Gesellschaft, Kirche und Familie sind bei weitem nicht mehr jene festen Gehäuse, in denen frühere Generationen Unterschlupf fanden. Daher sind freiwillige Zusammenschlüsse wie die Humboldt-Gesellschaft für Wissenschaft, Kunst und Bildung e.V. um so wichtiger geworden. Sie leisten eine Orientierungs- und Lebenshilfe, die eine echte Selbst- und Sinnfindung ermöglichen. Dem dient auch die Schriftenreihe »Sokratische Weisheit«, die den Namen eines der großen Menschheitslehrer, des Atheners Sokrates trägt.

Sokratische Weisheit ist besonnen und kritisch, aber voller Kraft für die Lebenspraxis und voller Schönheit in der Lebensfreude. Innerer wie äußerer Frieden ist ihr Werk. Wer an der Sokratischen Weisheit partizipiert, wird jenes Selbst- und Weltvertrauen gewinnen, das Sokrates bei seinem Opfertod beseelt hat.

Die Humboldt-Gesellschaft für Wissenschaft, Kunst und Bildung e.V. vermittelt zwischen den Natur- und den Geisteswissenschaften sowie zwischen den Wissenschaften einerseits, den Künsten und der Bildung andererseits. Mit diesem Brückenschlag versucht die Humboldt-Gesellschaft, die Ganzheit des Menschen in kultureller Kreativität und Verantwortung anzusprechen.

Die Humboldt-Gesellschaft hält jährlich eine öffentliche Akademie-Sitzung in einer Großstadt der Bundesrepublik Deutschland, in Berlin oder im Ausland ab. Alljährlich findet weiterhin eine Synthema-Tagung statt, bei der die

Vorträge ausgiebiger diskutiert werden. Symposien oder Bankette und künstlerische Darbietungen runden die Zusammenkünfte ab. Die Zahl der Veröffentlichungen wächst stetig.

Die Sokratische Gesellschaft e.V. stellt in Sokrates eine der maßgebenden Stiftergestalten der Menschheit vor und zeigt, warum Sokrates modern ist. Überleben durch Ethik in allen Lebensbereichen ist ein Hauptprinzip der Sokratischen Gesellschaft. Der Veräußerlichung wird entgegengetreten, indem eine mit wissenschaftlichem Geist zu vereinbarende Esoterik gepflegt wird, der apollinischen Gesinnung und dem Daimonion des Sokrates entsprechend.

Toleranz gehört zu den Grundsätzen beider Gesellschaften. Leitthemen sind die Polarität als Weltprinzip, die Einheit in der Vielfalt, also eine Förderung des menschlichen Miteinanders und ein Abbau des Gegeneinanders. Das Ganze wird ebenso ins Blickfeld gerückt wie seine Glieder. Die beiden Gesellschaften ergänzen sich in ihrer Wirkungsweise.

Weitere Bücher aus dem Aurum Verlag

Reihe »Sokratische Weisheit«
Band 2

Ernst Benz / Sophie Latour / Hans Mislin / Erwin Stein
LEOPOLD ZIEGLER
Denker des erinnernden Urwissens
Deuter des Weltsinnes
Weg-Weiser in die Zukunft
152 S., kart. cell.

Das Werk des großen Geschichts- und Religionsphilosophen versöhnt die Gegensätze dieser Welt weit hinter den Fronten ihrer Erscheinungsbilder. Geschichte beweist sich als ein Organisches. Ihr Rhythmus konkurriert mit der Unendlichkeit des Ablaufs: widersinnige Tendenzen im Einklang mit der Urbewegung des Lebens. Von dort aus ist es nicht nur möglich, zeitliche Dinge zeitlos zu spiegeln. Dort entsteht ein philosophischer Impuls, der sich Kultur im weitesten Sinn als Produkt menschlichen Werturteils anverwandelt und aneignet, in einer schmerzhaften Betroffenheit, die uns mit Leopold Ziegler im Philosophen den eigentlich »Weltverwurzelten« erkennen läßt. Diese Polyphonie einer philosophischen Existenz wandte sich gegen den verkümmerten »Zeitgeist« aus Wissenschaftsgläubigkeit und unreflektiert verwissenschaftlichtem Denken.

»Ihr Werk hat sich aus dieser Zeit herausgehoben, unbeirrbar wie ein aufsteigendes Gebirge. Ein Leiden, das nicht behoben werden kann und soll, ist darin beschlossen. Aber die Gipfel ruhen im Licht.«

Reinhold Schneider in einem Brief an Leopold Ziegler

»Leopold Ziegler, der die Sinnfrage aus den Zusammenhängen von Politik, Gesellschaft, Kunst und Religion neu stellt, befreit das Denken aus der Isolation bloßer Gedanken. Nicht Vereinzelung ist das letzte Wort, sondern Integration und Teilhabe an überzeitlicher Wahrheit. In seinem Werk findet das gesprungene Spiegelbild des Menschen zur Einheit seines ›Gegenstandes‹ zurück – auf demselben Weg, auf dem es kam, mit denselben Mitteln, die als Beriff seine Welt konstruierten – doch ohne den Preis, der ihm immer noch ›Welt‹ vorenthält, wenn er ›Welt‹ vermittelt.«

Dr. Herbert Kessler

AURUM VERLAG · FREIBURG IM BREISGAU